Sophia Waldner

Achtsamkeit
Komplettset

ATEM

NATUR

KÖRPER

SELBSTMIT-
GEFÜHL

EMOTIONEN

ENERGIE

FOKUS

DANKBARKEIT

SCHLAF

ALLTAG

Inklusive Atem-
training, Körper-
& Emotionsarbeit,
Schlafritualen und
mehr

100+ TECHNIKEN & ÜBUNGEN
für weniger Stress, mehr Gelassenheit und
neue Energie im Alltag & Beruf

Inhaltsverzeichnis

Einleitung

Achtsamkeit – ein Begriff, der in den letzten Jahren zu einem absoluten Dauerbrenner im Bereich der Selbstfürsorge und Weiterentwicklung geworden ist. Aber was genau ist eigentlich Achtsamkeit? Wie kann sie Ihnen helfen, Ihr Leben mit mehr Gelassenheit und Wohlbefinden zu führen?

In diesem Buch finden Sie dank einer übersichtlichen Einführung in das Konzept der Achtsamkeit nicht nur Antworten auf diese Fragen, sondern auch einen ganzen Werkzeugkasten an Achtsamkeitstechniken. Diese Tools können Sie direkt ausprobieren, einüben und in der Regel ohne weiteren Aufwand in Ihren Alltag integrieren.

Bei regelmäßiger Anwendung sorgen sie nicht nur für mehr Ruhe und Gelassenheit – selbst in emotional oder körperlich herausfordernden Situationen –, sondern daraus resultiert auch mehr Energie für Ihre tägliche To-do-Liste. Sowohl Ihre Produktivität als auch Ihr körperliches und geistiges Wohlbefinden wird sich verbessern. Mehr Achtsamkeit kann dabei helfen, Spannungen zu lösen, ein besseres Gespür für die eigenen Gefühle, Wünsche und Bedürfnisse zu entwickeln und ganz bei sich selbst anzukommen.

Ob Sie nun auf der Suche nach Techniken sind, mit denen Sie sich eine kleine Atempause zwischendurch verschaffen können, Sie generell danach streben, Körper und Geist in mehr Harmonie zu bringen, Sie Ihren Stresspegel in den Griff bekommen wollen oder einfach neugierig auf das Thema sind – in diesem Buch finden Sie viele spannende Hintergrundinformationen und praktische Übungen, die Sie gezielt nutzen können, um der Achtsamkeit mehr Raum in Ihrem Leben zu geben.

Freuen Sie sich auf klare, einfach umzusetzende Übungen und Techniken, die Sie sofort in Ihren Alltag integrieren können.

Zunächst lernen Sie, Achtsamkeit als Konzept zu verstehen, um die Grundlagen für einen bewussten Alltag zu schaffen.

Im nächsten Abschnitt erfahren Sie, wie Sie sich die Macht des Atems zunutze machen und erhalten eine Einführung in wirksame Atemtechniken für jeden Tag. Danach wird gezeigt, wie Sie Achtsamkeit in Ihren Alltag integrieren können, sei es beim achtsamen Essen, Gehen oder Kommunizieren.

Ein weiterer Teil des Buchs widmet sich der körperlichen Ruhe und Entspannung mithilfe von Tools wie Body-Scan, Progressiver Muskelentspannung und Yoga. Zudem lernen Sie, wie Sie emotionale Balance finden, indem Sie Emotionen erkunden, regulieren und bewusst leben.

Darüber hinaus werden Techniken vorgestellt, die Ihnen helfen, mehr Fokus und Klarheit zu gewinnen, sowie Strategien, um Achtsamkeit in den Berufsalltag zu integrieren. Sie finden auch Übungen, die speziell für einen tiefen und erholsamen Schlaf entwickelt wurden.

Abschließend erfahren Sie, wie Sie eine persönliche Achtsamkeits-Challenge meistern und eine nachhaltige Praxis aufbauen können.

Achtsamkeit verstehen: Die Basics für einen bewussten Alltag

Achtsamkeit liegt im Trend, aber noch immer halten sich hartnäckig unvollständige Betrachtungsweisen, die das Konzept auf ein reines Beruhigungs- oder Effektivitätstraining reduzieren. Auch wenn Achtsamkeit dazu führen kann, dass wir körperlich und geistig ruhiger werden oder besser arbeiten können, schenkt uns diese Praxis viel mehr.

Wege, wie Achtsamkeit Ihr Leben verändern kann

Der Wecker hat geklingelt. Sie gehen noch vor dem Aufstehen Ihre To-do-Liste durch. Dann erledigen Sie beim Fertigmachen gleich ein paar Kleinigkeiten im Haushalt und kümmern sich um die Kinder. Eigentlich fühlen Sie sich schon angestrengt, bevor der Tag angefangen hat. Während der Arbeit rennen Sie von einem Meeting zum nächsten. Währenddessen denken Sie an die vielen Aufgaben, die noch auf Sie warten. Sie sind häufig abgelenkt und finden kaum Zeit für Pausen. Wenn sich kleine Zeitfenster ergeben, sind diese von Scrolling, Sorgen machen und Jammern gefüllt.

Abends, wenn Sie zur Ruhe kommen könnten, ist Ihr Geist noch im „Arbeitsmodus". Sie haben Schwierigkeiten, abzuschalten und einzuschlafen. Zudem fühlen Sie sich oft schuldig, weil Sie glauben, weder Ihrer Familie, Ihrer Arbeit noch Ihrer persönlichen Weiterentwicklung genug Aufmerksamkeit geschenkt zu haben. Irgendwie fühlt es sich an, als kämen Sie den ganzen Tag zu spät und das, was Sie tun, würde nie reichen. Sie sind oft gestresst und überfordert. Daher entwickeln Sie auch die Sorge, ob Sie den Erwartungen der Gesellschaft – ob nun als erfolgreicher berufstätiger Elternteil, loyaler Freund, aufmerksamer Ehepartner oder engagierte Mitbürgerin – gerecht werden. Sie haben das Gefühl, dass Sie ständig von anderen bewertet werden, was zu einer nagenden Unsicherheit führt und Sie noch mehr ausbremst.

Während Sie vor lauter Erschöpfung und Anspannung schon gar nicht mehr wissen, wie es sich anfühlt, völlig gelöst und unbeschwert durch den Tag zu gehen, stellt sich zusätzlich ein Gefühl von Unzulänglichkeit ein. Es fällt Ihnen außerdem immer schwerer, Ihre Erfolge zu feiern und zu genießen.

Kommt Ihnen diese kurze Beschreibung bekannt vor? Allein das Lesen dieser wenigen Zeilen kann schon ein Gefühl von Getriebensein und Unbehagen auslösen.

Wie wäre es, wenn der Tag folgendermaßen ablaufen würde? Sie beginnen Ihren Morgen mit einer kurzen Meditation oder Atemübung? Dadurch erden Sie sich direkt und können bewusster in Ihren Tag starten? Trotz Ihrer umfangreichen Aufgabenliste entscheiden Sie sich für regelmäßige Pausen, um durchzuatmen und sich zu sammeln?

Single-Tasking und die bewusste Durchführung Ihrer Aufgaben sorgen für eine verbesserte Konzentration, ein stärkeres Gefühl von Selbstwirksamkeit und mehr Gelassenheit. Statt im Autopilot-Modus durch Ihren Tag zu hetzen und sich abends zu fragen, was Sie überhaupt die letzten Stunden gemacht haben, agieren Sie bewusst. So halten Sie Ihre Achtsamkeit auf die Dinge, die Ihnen wichtig sind. Sie können nicht nur effektiver handeln, sondern sind auch mehr mit sich und Ihrem Leben verbunden.

Folglich rinnen Ihnen die Stunden nicht unbemerkt durch die Finger, sondern Sie können die Welt und Ihr Tun in aller Fülle und Buntheit wahrnehmen. Sie schaffen es auch, abends besser abzuschalten und die Zeit mit sich selbst und Ihrer Familie bewusster zu genießen. Sie fühlen sich energiegeladener und erleben weniger Schlafprobleme.

Kleine Momente, wie das Spielen mit Ihren Kindern oder ein gemeinsames Abendessen, werden zu echten Highlights Ihres Tages. Diese können Sie spielerisch und mit unverfälschter Freude erkennen, wahrnehmen und wertschätzen.

Wie wäre es, wenn Sie sich selbstbewusster und weniger von den Meinungen anderer beeinflusst fühlen könnten? Wenn Sie wahrnehmen würden, dass Sie mehr Kontrolle über Ihre Emotionen und Ihr Leben haben? Wenn Gefühle von Freiheit und Zufriedenheit greifbar wären, auch wenn Sie Ihre Umstände nicht komplett ändern oder kontrollieren können? Wie wäre es, wenn Sie sich selbst als gelassen, ausgeglichen und inspiriert wahrnehmen könnten?

Achtsamkeit kann hier der Schlüssel zu einem neuen Pfad für Sie sein!

Das Konzept der Achtsamkeit wird schon seit einigen Jahrzehnten wissenschaftlich untersucht. Folgende Vorteile einer regelmäßigen Praxis wurden belegt:

Auswirkungen auf die psychische Verfassung sind unter anderem:

- Zunahme der Stressresistenz und Resilienz
- Effektiverer Umgang mit Schmerzen
- Abnahme von Angstzuständen und depressiver Verstimmung
- Verbesserung der emotionalen Regulation

Körperliche Verbesserungen sind unter anderem:

- Abnahme des Stresspegels und Blutdrucks
- Stärkung des Immunsystems
- Verbesserung kognitiver Leistungen
- Steigerung der Schlafqualität und leichteres Ein- und Durchschlafen
- Senkung des Risikos für Herz-Kreislauf-Erkrankungen

Die zahlreichen positiven Auswirkungen der Achtsamkeitspraxis haben dazu geführt, dass diese oftmals Bestandteil in klinischen Settings ist – sowohl bei der Behandlung von mentalen als auch von körperlichen Erkrankungen. Darüber hinaus macht sich auch die Wirtschaft den aktuellen Trend um das Thema zunutze, indem Unternehmen beispielsweise Achtsamkeitstrainings einsetzen, um die Belastungsfähigkeit der Mitarbeiter zu stärken.

Ganz gleich, wo Sie gerade stehen oder mit welchen Absichten Sie die Lektüre dieses Buchs begonnen haben – freuen Sie sich auf eine spannende Reise zu sich selbst und in ein achtsameres Leben!

Ein Crashkurs in Achtsamkeit

Achtsamkeit wird als eine Fähigkeit verstanden, die erlernt und entwickelt werden kann. Es finden sich verschiedene Definitionen von Achtsamkeit.

Jon Kabat-Zinn äußert sich folgendermaßen: „Achtsamkeit bedeutet, auf eine bestimmte Weise aufmerksam zu sein: bewusst, im gegenwärtigen Augenblick und ohne zu urteilen. Diese Art der Aufmerksamkeit steigert das Gewahrsein und fördert die Klarheit sowie die Fähigkeit, die Realität des gegenwärtigen Augenblicks zu akzeptieren." Er beschreibt Achtsamkeit als „eine einfache und zugleich hochwirksame Methode, uns wieder in den Fluss des Lebens zu integrieren, uns wieder mit unserer Weisheit und Vitalität in Berührung zu bringen".

Saki Santorelli versteht Achtsamkeit als universelle menschliche Kapazität, als einen Weg, Achtsamkeit auf den aktuellen Moment zu lenken. Diese Kapazität kann entwickelt und in das tägliche Leben integriert werden, mit dem zentralen Ziel, bestehendes Leid zu lindern und unsere wahre Natur hervorzubringen.

Rob Nairn wiederum fasste pointiert zusammen, dass achtsam zu sein ist, wenn man weiß, was passiert, während es passiert, ohne eine Präferenz zu haben.

Die meisten Menschen sind nicht wirklich präsent im Hier und Jetzt, sondern bewegen sich zwischen Erinnerungen an die Vergangenheit, Zukunftsvisionen, Wünschen, Vorstellungen und reaktiven emotionalen Zuständen hin und her. Um zu trainieren, bewusst im Moment zu bleiben, beginnt das Achtsamkeitstraining üblicherweise mit dem Entwickeln eines ruhigen Zustands, um den Geist zu beruhigen. Es fällt uns so leichter, wirklich präsent zu sein und den klassischen Autopilot-Modus ebenso zu erkennen wie emotionale Reaktivität oder Tagträume. Wir gewinnen an Einsicht, innerem Frieden, Stabilität und Freude.

Neben der Fähigkeit, im Moment zu bleiben und dem erwähnten Autopilot-Modus zu entkommen, wird daher auch die Einstellung des sogenannten Anfängergeistes kultiviert. Wir versuchen, mit einem frischen Blick auf unsere Welt zu schauen, anstatt zu glauben, dass wir bereits wüssten, was alles geschehen wird. Dadurch schaffen wir die Voraussetzung, offen für Neues zu sein. Unser Leben wird frischer und interessanter. Wir können ähnlich wie ein Kind wieder die kleinen Wunder des Alltags genießen.

Statt hilflos starken Emotionen oder etablierten Kompensationsmustern ausgeliefert zu sein, schaffen wir durch die beobachtende und nicht wertende Haltung die Möglichkeit, aus dem Reiz-Reaktions-Schema auszubrechen. Wir gestatten uns so eine kleine Pause, in der wir überlegen können, wie wir wirklich reagieren möchten.

Für die meisten Praktizierenden gehört neben der gerichteten Aufmerksamkeit auch die Kultivierung von Selbstmitgefühl zu einer umfassenden Achtsamkeitspraxis. Oftmals wird von zwei Schwingen gesprochen, die nötig sind, um zu fliegen: zum einen die Präsenz im Moment, zum anderen das Selbstmitgefühl.

Wie Achtsamkeit in den Alltag integriert wird

Die positiven Auswirkungen, die durch ein regelmäßiges Achtsamkeitstraining erzielt werden können, zeigen sich natürlich nicht nur auf dem Meditationskissen, sondern auch im Alltag: Wenn Sie Ihre Aufmerksamkeit regelmäßig in einem ruhigen Setting gezielt ausrichten und sich in einer Haltung des Selbstmitgefühls und des Anfängergeistes sowie der Wertungsfreiheit üben, wird Ihnen das auch bei Ihrem alltäglichen Tun leichterfallen.

Ob Sie nun präsenter in einem Gespräch mit Ihrem Gegenüber sind, mehr Selbstmitgefühl zeigen können, wenn Sie mit einer Niederlage umgehen müssen, Sie weniger reaktiv und dadurch stressresistenter werden oder Sie sich bei der Arbeit besser fokussieren können – es gibt zahlreiche Möglichkeiten und Situationen, in denen Ihnen auffallen wird, wie Sie sich positiv durch Ihre achtsame Haltung verändern.

Achtung: Die Übungen und Techniken, die in diesem Buch vorgestellt werden, dienen Ihnen zur Anregung und Inspiration. Die Wirksamkeit einer regelmäßigen Achtsamkeitspraxis ist mittlerweile gründlich wissenschaftlich erforscht worden und belegt. Nicht alle Übungen werden jedoch zu jedem Zeitpunkt und in jeder emotionalen oder körperlichen Verfassung für Sie geeignet sein. So wird beispielsweise empfohlen, dass Personen mit starken Depressionen oder psychotischen Erkrankungen die Technik der Progressiven Muskelentspannung nicht ohne Rücksprache mit ihrer ärztlichen Betreuung durchführen.

Auch allgemein gilt für die Achtsamkeitspraxis, dass Menschen mit gewissen starken psychischen Beeinträchtigungen, wie etwa der posttraumatischen Belastungsstörung oder Psychosen, nicht eigenständig praktizieren sollten. Eine Praxis kann jedoch unter fachlicher Anleitung und in Rücksprache mit einem Therapeuten durchgeführt werden. Auch starke körperliche Schmerzen, schwerwiegende Erkrankungen oder akute Lebenskrisen gelten als Kontraindikation für das Achtsamkeitstraining.

Wenn Sie sich unsicher sind, ob bei Ihnen eine Achtsamkeitspraxis kontraindiziert sein könnte, sollten Sie zunächst Rücksprache mit einem Facharzt halten. Verschieben Sie die Praxis unter Umständen, bis es Ihnen besser geht.

Wenn Sie die Bestätigung bekommen haben, dass Sie gesundheitlich in der Lage sind, die Praxis durchzuführen, können Sie die passenden Übungen für sich auswählen. Dabei sollten Sie auch immer Ihre individuelle Situation berücksichtigen und nicht über Ihre persönlichen Grenzen hinausgehen. Ein gewisser Widerstand zu Beginn oder im Laufe der Praxis ist vollkommen normal. Er ist aufgrund der

Herausforderung, etwas Neues zu erlernen, erwartbar. Üblicherweise lässt sich der Widerstand mit regelmäßigem Training gut beheben, ohne dass Sie die Vorteile der Praxis einbüßen. Bemerken Sie aber einen starken Widerwillen, etwa aufgrund von heftigen körperlichen Schmerzen oder einer emotionalen Belastung, sollten Sie die Übungen anpassen oder eine andere Technik wählen, die in Ihrer aktuellen Verfassung besser geeignet ist. Berücksichtigen Sie bitte immer Ihre individuelle Tagesverfassung bei der Wahl Ihrer Übungen. Vergessen Sie nicht das zweite Standbein der Achtsamkeitspraxis: das Selbstmitgefühl!

Durchatmen wie ein Profi:
15 kreative Atemtechniken
für jeden Tag

Der Atem ist unser täglicher Begleiter und lebensnotwendig, er bekommt allerdings viel zu wenig Aufmerksamkeit. Atmen, das kann doch jeder, oder? Leider nein! Viele Menschen atmen zu flach, zu schnell oder nur in ihren Brustraum.

Sie schaffen sich so nicht nur körperliche, sondern auch psychische Beeinträchtigungen.

In diesem Kapitel erfahren Sie, warum Atemübungen effektiv sind und wie Sie mit verschiedenen Atemtechniken sowohl für Belebung als auch für Beruhigung sorgen können.

Warum Atemübungen so effektiv sind

Atem und Wohlbefinden sind eng miteinander verknüpft, und der Atem ist ein direktes Spiegelbild des emotionalen Zustands. Sind wir traurig oder gestresst, ängstlich oder wütend, atmen wir flach, schnell und gepresst. Oftmals wird nur in den oberen Teil des Rumpfes geatmet. In diesem Fall wird auch von Brustatmung gesprochen. Bei der Brustatmung wird nicht das gesamte Lungenvolumen ausgenutzt, sodass der Körper nicht ausreichend mit Sauerstoff versorgt wird. Dies kann sowohl zu physischen als auch zu psychischen Beschwerden führen, etwa Konzentrationsstörungen, Kopfschmerzen oder Angst.

Ideal ist die sogenannte Vollatmung, bei der Bauch und Zwerchfell mitbewegt werden. Da Letzteres sich bei der Einatmung in den Bauchraum bewegt, hebt und senkt sich die Bauchdecke. Daran ist die Bauchatmung leicht zu erkennen.

Atemübungen helfen dabei, die eigenen Atemmuster zu bemerken und kennenzulernen. Sobald Sie mit den körperlichen Prozessen vertraut sind, können Sie auch die nötigen Bedingungen schaffen, die für die Vollatmung notwendig sind: Mittels Atemübungen können Sie die Atemhilfsmuskulatur trainieren, Verspannungen lösen und die nötige Ruhe und Gelassenheit schaffen, um richtig zu atmen und nicht wieder in schlechte Atemmuster zurückzufallen.

5 einfache Atemtechniken für mehr Energie

Der Atem ist unser Energiespender Nummer 1. Mit diesen Übungen schaffen Sie schnell neue Power für Körper und Geist.

Ujjayi-Atmung oder die siegreiche Atmung

Diese Form der Atemübung hat ihren Ursprung im Yoga und wird auch als siegreiche Atmung oder Meeresatmung bezeichnet. Ein weiterer Beiname ist die Kehlatmung, der bereits zeigt, welcher Bereich des Körpers bei der Übung besonders im Fokus steht. Diese Form der Atemübung gilt als echter Energiespender, und gleichzeitig auch als beruhigend. Darüber hinaus soll sie die Konzentration fördern und Spannungen lösen. Der Körper wird besonders gut mit Sauerstoff versorgt, ist wach und energiegeladen.

Nehmen Sie eine aufrechte Sitzposition ein und achten Sie darauf, dass Oberkörper und Kiefer entspannt sind. Beginnen Sie dann mit einer Vorübung. Stellen Sie sich vor, dass Sie bei Ihrer nächsten Ausatmung mit offenem Mund einen Spiegel anhauchen. Erzeugen Sie dieses Geräusch auch, wenn Sie beim nächsten Mal einatmen. Zwerchfell und Stimmritze sind dabei leicht angespannt, wodurch der typische Meeresrauschen-Klang entsteht.

16

Jetzt atmen Sie einige Male mit geschlossenem Mund ein und aus und verengen dabei wieder Ihre Stimmritze. Ziehen Sie die Luft bewusst bis in die Lungenspitzen und atmen Sie ebenso bewusst vollständig wieder aus.

Achten Sie darauf, dass Sie sich nicht verspannen. Ein guter Anhaltspunkt ist der Klang, den Sie erzeugen. Dieser sollte einem leichten Rauschen ähneln, aber keineswegs in ein Schnarchen oder Grunzen übergehen.

Nach einigen Durchläufen können Sie die Übung beenden, indem Sie wieder zu Ihrem normalen Atemrhythmus zurückfinden.

Energie dank Strohhalm

Um eine tiefe Atmung zu fördern, die auch das Zwerchfell ordentlich mitbewegt und den Körper mit viel Sauerstoff versorgt, können Sie sich verschiedene Techniken zunutze machen.

Eine davon lässt sich mit einem einfachen Strohhalm realisieren. Sie kann sowohl im Stehen als auch im Sitzen durchgeführt werden, der Oberkörper sollte aufrecht sein. Nehmen Sie nun einen Strohhalm in den Mund, atmen Sie durch die Nase ein und lassen Sie die Luft nur durch den Strohhalm wieder nach außen strömen. Durch die kontrollierte Abgabe der Luft wird die Ausatmungsphase verlängert und intensiviert, sodass die Lunge mehr verbrauchte Luft abgibt und somit mehr Raum für frische Luft hat.

Vielen Menschen hilft auch der Wärmereiz, der durch das Pusten durch den Strohhalm wahrnehmbar wird. Bei einer langen Ausatmung wird die ausströmende Luft zum Ende hin immer wärmer, da sie aus dem Körperinneren stammt. Dies lässt sich ganz einfach nachvollziehen, wenn Sie Ihre Hand vor die ausströmende Luft am Ende des Strohhalms halten und fühlen, wie der Luftstrom immer wärmer wird. Die verschiedenen Fokussierungspunkte, also die sich verändernde Temperatur der ausströmenden Luft, das Atmen gegen den leichten Widerstand und auch das Gefühl des Strohhalms an den Lippen, unterstützen Sie großartig dabei, sich Ihres Atems bewusst zu bleiben.

Daher eignet sich die Übung auch bestens, wenn Sie sehr müde oder unaufmerksam sind und befürchten, gedanklich abzuschweifen.

Frischekick dank der Extraportion Sauerstoff

Der Alltag des modernen Menschen spielt sich in der Regel in geschlossenen Räumen ab. Selbst wenn diese angenehm temperiert sind, ist die Luftqualität nicht unbedingt immer die beste.

Der Sauerstoffgehalt ist – vor allem nach einigen Stunden konzentrierter Arbeit – nicht besonders hoch. Gönnen Sie sich daher eine kleine Sauerstoffdusche und gehen Sie für einige bewusste Atemzüge an die frische Luft.

Sollte dies nicht möglich sein, können Sie selbstverständlich auch ein Fenster öffnen und hier ein paar tiefe Atemzüge nehmen.

Versuchen Sie, wenn möglich, in die Vollatmung zu gehen, also nicht bei der flachen Brustatmung zu bleiben, sondern bis tief in den Bauch hinab zu atmen und auch vollständig wieder auszuatmen. Falls Sie die Übung in einer kälteren Umgebung durchführen, sollten Sie darauf achten, sich warm genug anzuziehen. So stellen Sie sicher, dass Sie sich nicht verkrampfen und der Atem frei fließen kann.

Kleiner Tipp: Besonders effektiv ist die Übung, wenn Sie sie in der Nähe von Pflanzen durchführen. Diese sorgen nicht nur für eine bessere Sauerstoffzufuhr, sondern wirken dank ihres Grüns noch zusätzlich beruhigend und vitalisierend. Anschließend können Sie sich erfrischt Ihren weiteren Aufgaben zuwenden.

Gibt es vielleicht in der Nähe Ihrer Arbeitsstelle einen kleinen Park oder öffentlichen Garten? Finden Sie es heraus und testen Sie, wie belebend die kleine Extraportion Sauerstoff sein kann. Vielleicht ist es sogar eine gesunde Alternative zur täglichen Kaffeepause.

Belebende Düfte einatmen

Bei dieser Übung kombinieren Sie die erfrischende Wirkung einer guten Sauerstoffversorgung und den belebenden Effekt anregender Düfte. Atmen Sie während dieser Übung einige Male über Ihrer Duftquelle tief ein und aus. Das anregende Aroma wird Sie automatisch dazu verleiten, etwas tiefer einzuatmen, sodass viel Sauerstoff in Ihre Lungen gelangt. Gönnen Sie sich auch eine tiefe Ausatmung, um alles Verbrauchte und Träge loszulassen.

Als natürliche Wachmacher unter den Düften gelten Pfefferminze, Eukalyptus oder auch Zitrusdüfte wie Zitrone, Grapefruit oder Orange. Sie können einige Tropfen eines ätherischen Öls auf ein Taschentuch geben, um die Übung durchzuführen. Achten Sie auf natürliche Öle in hoher Qualität und testen Sie vorab aus, welche für Sie verträglich sind. Selbstverständlich besteht auch die Möglichkeit, Ihren gesamten Raum mit belebenden Düften anzureichern, indem Sie ein paar Tropfen des Öls in eine Duftlampe geben.

Aber es geht auch unauffälliger: Schnuppern Sie in einem Meeting einfach zwei, drei Atemzüge unauffällig an Ihrem Pfefferminztee. Genießen Sie die anregende Kombination aus tiefer Atmung und belebendem Duft. Ein positiver Nebeneffekt: Gerade Pfefferminz soll laut verschiedener Studien nicht nur belebend wirken, sondern auch die Anspannung senken – perfekt geeignet also für ein stressiges Arbeitsmeeting oder eine lange Autofahrt.

Neben den bereits erwähnten Düften, die als besonders belebend und beschwingend gelten, können Sie auch einmal Bergamotte ausprobieren. Sie gilt nicht nur als aktivierend, sondern gleichzeitig als entspannend und ist somit bestens geeignet, wenn Sie einen wachen, aber ausgeglichenen Zustand anstreben.

Kleine Tricks für den Alltag: Wenn Sie nicht mit Öl hantieren möchten, führen Sie einen Beutel Pfefferminztee in einem wiederverschließbaren Plastiksäckchen mit sich und gönnen sich eine olfaktorische Auszeit. Sehr bequem sind auch Raumsprays mit belebenden Duftmischungen, die Sie bei Bedarf einsetzen können. Auch ein Pfefferminzbonbon oder ein Kaugummi können den nötigen Duft-Anreiz geben und beschäftigen zudem die Kiefermuskulatur. Diese ist sehr anfällig dafür, bei Anspannung und Stress zu verkrampfen. Sie wird durch regelmäßige Kau- oder Lutschbewegungen zusätzlich entspannt, wodurch mehr Energie und Konzentration für Ihre Aufgaben übrigbleibt.

Hoch hinaus

Für diese Atemtechnik nehmen Sie einen aufrechten Sitz ein und strecken Ihre Wirbelsäule. Alternativ können Sie die Übung auch im Stehen durchführen. Führen Sie beim Einatmen Ihre Nasenspitze Richtung Decke und lassen Sie Ihre Augen dem Bewegungsablauf folgen. Die Einatmung erfolgt durch die Nase. Ihr Blick ist also am Ende des Einatmens direkt an die Decke gerichtet und verbleibt hier auch während einer kurzen Pause zwischen Ein- und Ausatmung. Führen Sie den Kopf dann wieder in seine Ausgangsposition zurück und atmen Sie dabei durch den Mund aus. Dabei können sie ein wohliges „Hu!" oder „Ha!" ausstoßen. Wiederholen Sie die Übung einige Male in Ihrem Atemrhythmus und geben Sie ruhig etwas Kraft in die Ausatmung. Das Recken des Kopfes und die kraftvolle Ausatmung führen in einen aktivierten Zustand und versorgen den Körper mit viel frischer Energie und Sauerstoff.

10 Atemübungen für stressige Momente und ruhige Nächte

Schlaf und Entspannung sind wichtige Bausteine der menschlichen Gesundheit. Sie sorgen nicht nur für eine gute physische Verfassung, sondern auch das psychische Wohlbefinden wird durch die komplexen Prozesse während des Schlafes optimiert. Zahlreiche Hormone und Gene werden während der Schlafphase gesteuert und beeinflusst. Sie haben Auswirkungen auf Ihr Immunsystem, entzündliche Prozesse im Körper oder auch Ihren Stresshaushalt.

Für Lernprozesse, das Verarbeiten von Erlebnissen und die Regeneration Ihres Gehirns und Körpers allgemein sind Schlaf und Erholungsphasen ebenfalls zwingend notwendig. Zwar ist das Schlafbedürfnis von Person zu Person verschieden und ändert sich auch im Laufe des

Lebens. So schlafen Säuglinge etwa drei Viertel des Tages, während Kleinkinder noch die Hälfte des Tages schlafen, Erwachsene aber nur noch sechs bis neun Stunden Schlaf brauchen. Ein Schlafmangel sollte aber unbedingt vermieden werden!

Haben Sie mit Schlafproblemen zu kämpfen, kann dies gesundheitliche Folgen mit sich bringen, wie:

- Kopfschmerzen
- Magen-Darm-Erkrankungen
- Herzerkrankungen
- Bluthochdruck
- Diabetes
- Nierenerkrankungen
- Übergewicht
- Schlaganfälle

Neben den körperlichen Beschwerden können auch psychische Beeinträchtigungen Folge von chronischem Schlafmangel sein, wie etwa Depressionen und Burn-out.

Die negativen Folgen von Schlafmangel können sich aber nicht nur durch fehlenden Schlaf ergeben, sondern auch, wenn der Schlaf nicht erholsam ist oder nicht alle Schlafphasen umfasst. So ist es wichtig, dass sowohl Tiefschlafphasen als auch REM-Schlafphasen (Traumschlaf) Teil Ihrer Nachtruhe sind.

Risiken für eine erholsame Nachtruhe sind äußere Faktoren wie Lärm oder Licht, das Schlafen zu ungünstigen oder wechselnden Tageszeiten aufgrund von Schichtarbeit, Depression, Erschöpfung oder Jetlag, aber auch innere Faktoren wie Schmerzen, Angst oder starke innere Unruhe.

Schon einige Nächte mit zu wenig oder qualitativ nicht hochwertigem Schlaf können sich durch Erschöpfungszustände, Benommenheit, eine herabgesetzte Leistungsfähigkeit, Reizbarkeit und eine verringerte Impulskontrolle bemerkbar machen. Auch eine geringere Reaktionsfähigkeit ist eine Folge, die dramatische Auswirkungen für die Gesundheit haben kann, etwa beim Bedienen von Maschinen oder im

Straßenverkehr. Bei anhaltendem Schlafmangel ist zudem eine Verringerung der Lebensspanne zu erwarten.

Chronischer Schlafmangel oder eine schlechte Schlafqualität sollten daher immer ernst genommen und bei Bedarf ärztlich behandelt werden.

Neben klassischen Tipps zu einer verbesserten Schlafhygiene, wie etwa

- das Abdunkeln des Raums,
- das Schlafen bei einer angenehmen Raumtemperatur (empfohlen werden 18 Grad),
- das Einhalten von Ritualen,
- der Verzicht auf technische Geräte mit blauem Licht einige Stunden vor dem Schlafengehen und
- der abendliche Verzicht auf schwere Mahlzeiten sowie Alkohol und anregende Genussgifte,

können Sie auch mit Achtsamkeitsübungen etwas für eine erholsame Nachtruhe tun. Zudem können die Übungen Ihnen auch dabei helfen, tagsüber immer wieder das Erregungsniveau abzusenken.

Dies kann sich nachweislich positiv auf den Schlaf auswirken, denn nicht nur abendliche Ruherituale sind sinnvoll. Auch tagsüber sollten Sie Ihrem Körper und Geist immer wieder Möglichkeiten geben, kleine Pausen einzulegen, um Erlebtes zu verarbeiten, den Muskeltonus zu senken und das Erregungsniveau zu reduzieren.

Ferner können Sie durch Entspannungsmomente am Tag Stress reduzieren, mit schwierigen Situationen gelassener umgehen und Ihre Emotionsregulation unterstützen.

Neben Bewegung, gesunder Ernährung und verschiedenen Entspannungstechniken ist der Atem einer der wichtigsten Mitspieler, wenn Sie auf unkomplizierte Weise etwas für das eigene Wohlbefinden und die körperliche und geistige Entspannung tun möchten.

Atembeobachtung

Diese Übung ist absolut simpel und überall durchführbar. Nehmen Sie eine aufrechte Haltung ein, in der Ihr Atem frei fließen kann. Verändern Sie sonst aber nichts an Ihrem Atemrhythmus. Schließen Sie nur Ihre Augen und konzentrieren Sie sich die nächsten drei Atemzüge komplett auf das Ein- und Ausatmen.

Beobachten Sie, was Sie wahrnehmen können. Spüren Sie die Einatmung, etwa einen Luftzug an der Nasenspitze oder das Heben Ihres Bauches? Können Sie den Luftstrom ein Stück innerhalb Ihres Körpers verfolgen? Gibt es eine kleine Pause zwischen Ein- und Ausatmung? Wie fühlt sich das Ausatmen an? Verändern Sie weiterhin nichts, sondern beobachten Sie nur. Allein das Fokussieren auf den Atem kann dazu führen, dass Sie bewusster und tiefer atmen, was ein schöner Nebeneffekt ist. Generell geht es bei dieser Übung allerdings darum, wertungsfrei an- und wahrzunehmen, was ist, und dadurch einen inneren Abstand zur Situation zu bekommen. Dieser innere Abstand durch Ihre beobachtende und wertungsfreie Haltung kann helfen, wenn Sie sich überfordert oder emotional aufgewühlt fühlen, und Ihnen ermöglichen, sprichwörtlich in Ruhe einfach nur durchzuatmen.

Abschnauben

Gerade wenn sie angespannt sind oder ängstlich, neigen viele Menschen dazu, den Atem anzuhalten. Die eingeatmete Luft kann so nicht vollständig entweichen. Aus der Tierwelt ist in diesen Fällen das sogenannte Abschnauben bekannt, etwa bei den Pferden. Diese atmen geräuschvoll aus, sodass ihre Lippen sich bewegen und flattern. Dadurch werden sie nicht nur die verbrauchte Luft los, sondern es setzt auch eine mentale Entspannung ein.

Wir Menschen können uns diese Technik zunutze machen und sie ebenfalls dann anwenden, wenn uns vor Schreck der Atem wegbleibt oder wir aus unserem Rhythmus gekommen sind. Das geräuschvolle Abschnauben ist zu Beginn vielleicht ungewohnt, kann aber durchaus lustvoll und befreiend sein. Es zeigt Ihnen, dass Sie handlungsfähig und aktiv sind, und wirkt durch die kräftige Bewegung lockernd auf den Mund und Kieferbereich. Hier verspannen wir leicht, wenn wir gestresst sind.

Lassen Sie beim Ausatmen Ihre Lippen locker vibrieren und variieren Sie die Intensität Ihrer Ausatmung. Wollen Sie laut und kräftig abschnauben oder eher vorsichtig und leise? Möchten Sie eine Melodie schaffen, im Rhythmus abschnauben oder so lange ausatmen, bis Sie alles Alte losgeworden sind, das Sie nicht mehr brauchen? Genießen Sie das Spielerische an dieser Übung und beobachten Sie, wie diese kraftvolle Handlung Ihnen erlaubt, überschüssige Erregung abzugeben und wieder ganz bei sich und im Körper anzukommen.

Lippenbremse

Die Lippenbremse ist eine Atemübung, die auch Personen beigebracht wird, die an Atemwegserkrankungen leiden, da sie bei akuter Atemnot eine gute Hilfestellung bieten kann.

Sie können diese Übung sowohl im Stehen als auch im Sitzen oder Liegen durchführen. Wichtig ist, dass Ihre Atemwege nicht eingeknickt sind und der Atem frei fließen kann.

Versuchen Sie, eine möglichst entspannte, aber aufrechte Haltung einzunehmen, ohne zu verkrampfen. Atmen Sie dann ruhig und langsam durch die Nase ein und anschließend durch die gespitzten Lippen wieder aus. Bei der Ausatmung kann ein Pfft- oder Ssst-Laut entstehen, da die Luft nur durch einen schmalen Spalt zwischen den Lippen entweicht. Mithilfe dieser Übung können Sie Ihre Ausatmung auf angenehme Weise vollständig durchführen, wobei die Atemwege weit bleiben. Eine gepresste Ausatmung, die häufig unter Stress oder Unruhe auftreten kann und das Entleeren der Lunge erschwert, wird so vermieden. Wiederholen Sie die Übung zwei- bis dreimal, wenn Sie das Gefühl haben, dass es Ihnen guttut, und gehen Sie danach wieder zu einer normalen Atmung über.

Atemreise

Bei dieser Übung verfolgen Sie Ihren Atem durch den gesamten Körper. Auf diese Weise wird Ihnen der Atem nicht nur bewusster, sondern Ihnen wird es auch leichterfallen, sich ganz auf Ihren Körper und den Atemvorgang zu konzentrieren. Beginnen Sie damit, beim Einatmen den sanften Luftstrom an Ihrer Nasenspitze und den Nasenlöchern wahrzunehmen. Wie fühlt sich die Luft an? Ist sie kälter oder wärmer? Können Sie fühlen, wie sich Ihre Nasenflügel bewegen, während Sie die Luft einsaugen? Wo findet noch Bewegung in Ihrem Körper statt? Folgen Sie dem Luftstrom gedanklich, während er durch Ihre Luftröhre hinabwandert.

Es ist gut möglich, dass Sie hier zuerst keine körperlichen Wahrnehmungen mehr feststellen können. Arbeiten Sie in diesem Fall mit Ihrer Vorstellungskraft und spüren Sie nach, ob Sie doch Bewegung im Brustkorb, an den Rippen oder der Bauchdecke spüren können. Sie können den Atem mittels Ihrer Vorstellungskraft auch weiter durch Ihren Körper schicken. Stellen Sie sich dafür vor, dass er von Ihrem Kopf hinunter durch die Luftröhre bis in Ihre Gliedmaßen wandert, also über den Brustkorb und den restlichen Rumpf hinein in die Arme und Hände sowie die Beine und Füße. Folgen Sie beim Ausatmen dem Luftstrom gedanklich wieder vom unteren Teil Ihres Körpers hinauf bis zur Nasenspitze, wo der warme Atem aus Ihnen herausströmt. Folgen Sie Ihrem Atem in seinen natürlichen Wellenbewegungen und lassen Sie sich ganz auf seinen natürlichen Rhythmus ein.

Wechselatmung

Die Wechselatmung ist für viele Yoga-Praktizierende ein wichtiger Bestandteil des Pranayama. Pranayama wird als die Zusammenführung von Körper und Geist durch Atemübungen verstanden. Die Übung ist als Nadi Shodana bekannt und lässt sich auch problemlos durchführen, wenn Sie mit Yoga keinerlei Erfahrung haben. Diese Atemtechnik wirkt harmonisierend auf den Atemrhythmus, beruhigt dadurch die Nerven und soll bei regelmäßiger Anwendung auch das Immunsystem und die Lungenkapazität fördern.

Finden Sie in einen aufrechten Sitz, sodass der Atem frei fließen kann. Lockern Sie bei Bedarf Ihre Kleidung oder Ihren Gürtel. Atmen Sie nun einige Male bewusst ein und aus, um im Hier und Jetzt anzukommen. Nehmen Sie dann Ihre dominante Hand und verschließen mit dem Daumen das Nasenloch auf der gleichen Seite. Schreiben Sie mit rechts, verschließen Sie also mit dem rechten Daumen Ihr rechtes Nasenloch. Atmen Sie nun langsam und entspannt über Ihr linkes Nasenloch ein. Spüren Sie, wie Ihre Bauchdecke sich hebt. Schließen Sie nun auch das linke Nasenloch mit einem Finger Ihrer rechten Hand für wenige Sekunden. Öffnen Sie dann Ihr rechtes Nasenloch, indem Sie Ihren rechten Daumen heben. Durch dieses atmen Sie dann lang und entspannt aus. Achten Sie darauf, dass die Zeiträume des Ein- und Ausatmens so gewählt sind, dass Sie keinerlei Beklemmung spüren und nicht in Atemnot geraten. Empfohlen wird beispielsweise eine Einatmungsphase von vier Sekunden sowie eine Halte- und Ausatmungsphase von acht Sekunden. Probieren Sie aus, was für Sie am angenehmsten ist. Um eine möglichst entspannende Wirkung zu erzielen, können Sie sich dem Ziel nähern, die Ausatmungs- und Atemhaltephase doppelt so lange zu halten wie die Einatmungsphase.

Verschließen Sie nun bei jedem Atemzug abwechselnd das linke und das rechte Nasenloch und atmen Sie so wechselseitig ein und aus. Nach einigen Wiederholungen schließen Sie die Übung ab und atmen in Ihrem normalen Atemrhythmus weiter.

Atmung mit visueller Hilfe

Vielleicht haben Sie schon einmal gelesen, dass Menschen allein durch das Vorstellen einer Bewegung die entsprechenden Muskelareale aktivieren können? Wenn Sie sich vorstellen, dass Sie besonders tief und wohlig ein- und ausatmen, kann dies schon zu einer merklichen Entspannung führen und die Muskelbereiche aktivieren. In diesem Fall wird von dem Carpenter-Effekt gesprochen. Sie können diesen Effekt noch intensivieren, indem Sie mit visueller Unterstützung arbeiten.

Begeben Sie sich für diese Übung in die Rückenlage und legen Sie sich ein Kuscheltier, Kissen oder Kirschkernsäckchen auf den Bauch. Wählen Sie einen Gegenstand, der von allein auf Ihrer Bauchdecke liegen bleibt. Für viele Menschen kann es angenehm sein, wenn dieser ein gewisses Gewicht hat, da dies als beruhigend und erdend empfunden wird. Nehmen Sie allerdings keinen Gegenstand, der Sie beim Atmen behindert oder so schwer ist, dass Sie unangenehme Empfindungen im Bauchraum spüren. Jetzt atmen Sie bewusst einige Male tief ein und aus und verfolgen dabei, wie sich der Gegenstand auf Ihrem Bauch hebt und senkt. Lassen Sie Ihre Aufmerksamkeit vollkommen auf dem Gegenstand ruhen und folgen Sie seiner Auf- und Abwärtsbewegung.

Diese Übung eignet sich besonders für Personen, die beim Fokussieren auf den eigenen Atem leicht aus ihrem natürlichen Atemrhythmus kommen. Da ihre Achtsamkeit hier auf etwas anderes als ihren Körper gelenkt wird, kommen sie nicht so leicht in die Versuchung, ihren Atemrhythmus zu beeinflussen oder doch unwillkürlich den Atem anzuhalten. Stattdessen lassen sie ihre Aufmerksamkeit vollkommen auf dem Gegenstand ruhen und beobachten die Auf- und Abwärtsbewegung. Durch diese visuelle Unterstützung fällt es vielen Menschen zudem leichter, ihren Fokus auf der Übung zu halten und ein besseres Gespür für den Atemprozess zu bekommen. Die körperliche Bewegung wird deutlicher und somit auch der Atemrhythmus.

Sie können diese Übung natürlich auch durch Atembeeinflussung ergänzen, etwa indem Sie sich vornehmen, den Gegenstand deutlich langsamer auf- und abwärts wandern zu lassen. Durch das Verlangsamen und Angleichen Ihrer Atmung kann sich mehr Ruhe und Entspannung in Ihnen ausbreiten. Nach einigen Minuten der Beobachtung können Sie die Übung abschließen und sich aufrichten.

Seifenblasen pusten

Eine tiefe und vollständige Ausatmung wirkt beruhigend auf Geist und Körper und kann dabei helfen, Stress und Anspannung zu lösen. Das Seifenblasenpusten ist eine wunderbare Übung für zwischendurch, die sich auch im hektischen Alltag realisieren lässt und sicherlich nicht nur bei Ihnen, sondern auch bei Ihrem Umfeld ein Lächeln hervorrufen wird. Um schöne Seifenblasen pusten zu können, benötigen Sie die Fähigkeit, Ihren Atem bewusst und kontrolliert ein- und ausströmen zu lassen. Um die Blasen auszuformen, kann keine hektische, schnelle oder flache Atmung verwendet werden, daher entwickelt sich innerhalb weniger Atemzüge oder Seifenblasen ein gleichmäßiger, tiefer und ruhiger Atemrhythmus.

Besorgen Sie sich eine Seifenlaugenmischung. Diese können Sie im Handel erwerben oder selbst anmischen. Pusten Sie einige Seifenblasen. Versuchen Sie, diese besonders schön, groß und rund werden zu lassen. Durch die Fokussierung auf die wachsende Blase und die schillernden Farben werden Ihre Sinne und Atemwege gleichermaßen beschäftigt, sodass Nervosität und Stress keinen Raum einnehmen können.

Angenehmer Nebeneffekt: Durch das spielerische Element haben Sie das Wohlwollen anderer schnell auf Ihrer Seite, müssen vielleicht selbst schmunzeln und heben somit schon allein durch die positive Besetzung des Seifenblasenpustens Ihre Stimmung.

Weiterer Pluspunkt: Das Seifenblasen lässt sich nahezu überall durchführen und ist als Antistressmaßnahme oder Atemtechnik nicht unbedingt als solche zu erkennen, sodass Sie sich ganz unauffällig entspannen können.

Statt Schäfchen zählen – 21 bewusste Atemzüge

Viele Achtsamkeitsmeditationen beginnen mit der bewussten Einstimmung durch die Konzentration auf den Atem. Bei den 21 bewussten Atemzügen führen Sie nach einer kurzen Ankommensphase in Ihrem Meditationssitz 21 komplette Atemzyklen in vollem Bewusstsein aus. Ein Atemzyklus umfasst das Einatmen, die kurze Atempause und das Ausatmen. Sie müssen Ihren Atemrhythmus dafür nicht verändern. Wenn Sie noch mehr Ruhe erzielen wollen, können Sie sich aber darauf konzentrieren, möglichst ruhig und gleichmäßig zu atmen und gegebenenfalls die Ausatmungsphase zu verlängern.

Schweifen Sie mit den Gedanken ab oder verzählen Sie sich, ist dies kein Problem. Registrieren Sie es einfach. Freuen Sie sich darüber, dass Sie wieder einen achtsamen Moment hatten, in dem Ihnen die Gedankenwanderung aufgefallen ist, und beginnen Sie wieder von Neuem.

Wenn Sie bei 21 angekommen sind, beenden Sie die Übung, indem Sie sich strecken und dann wieder zu Ihrem Alltag zurückkehren.

Der Ruhe die Arme öffnen

Eine beliebte Kombination aus Atmung und Bewegung ist das Öffnen der Arme beim Einatmen und das Schließen beim Ausatmen. Stellen Sie sich vor, Sie würden die Ruhe umarmen. Beim Einatmen heben Sie die Arme langsam vorn über Ihrem Körper an und öffnen sie während dieser Bewegung zu den Seiten hin auf, bis sie seitlich ausgestreckt auf Schulterhöhe landen. Halten Sie die Arme während Ihrer Atempause dort und strecken Sie auch Ihre Hände. Bei der Ausatmung führen Sie Ihre Arme von den Händen ausgehend wieder vor dem Körper zusammen und lassen Hände und Arme absinken.

Stimmen Sie die Bewegung und das Atmen so aufeinander ab, dass ein wellenartiger, gleichmäßiger Rhythmus entsteht und wiederholen Sie die Bewegung fünf- bis zehnmal.

Sie können die Übung sowohl im Stehen als auch im Sitzen und Liegen ausführen. Somit eignet sie sich auch dafür, wenn Sie abends zur Ruhe kommen wollen, aber körperlich oder geistig noch sehr aufgeregt sind. Der Atem kann freier fließen und der Geist wird durch das Zusammenspiel aus Ausatmung und Bewegung beschäftigt, sodass Gedankenspiralen unterbrochen werden können.

Die Box-Atmung oder 4-7-8-Atmung

Bei dieser Übung stellen Sie sich ein Rechteck vor oder suchen sich einen rechteckigen Gegenstand als visuelle Hilfe. Atmen Sie jetzt ein, während Sie gedanklich oder mit den Augen die kurze Seite entlangwandern, und zählen Sie dabei innerlich bis vier. Dann halten Sie die Luft sieben Sekunden an und atmen über einen Zeitraum von acht Sekunden aus, während Sie die lange Seite entlangwandern. Durch die verlangsamte Ausatmung kehrt Ruhe in Körper und Geist ein und Sie können leichter und voller wieder einatmen.

Stellen Sie sich aus den in diesem Kapitel vorgestellten Übungen Ihr individuelles Arsenal an Atemtechniken zusammen. Bei regelmäßiger Übung stärken Sie nicht nur Ihre Atemmuskulatur, sondern beruhigen auch Ihr Nervensystem und kommen immer leichter in einen Zustand der Ausgeglichenheit.

Achtsamkeit überall:
19 überraschende Wege, Ihren
Alltag zu bereichern

Achtsamkeit muss nicht immer in aller Stille auf dem Meditations-kissen stattfinden. Sie können damit jeden Augenblick Ihres Lebens intensiver und bewusster gestalten. Diese Form der Praxis, also das Üben einer achtsamen Haltung im Alltag, wird auch non-formale Praxis genannt. Die Übergänge sind hier fließend, je nachdem, wie Sie praktizieren.

In diesem Kapitel bekommen Sie Anregungen, wie Sie Ihre Achtsamkeit bei alltäglichen Aktivitäten wie Gehen, Essen und Reden trainieren und anwenden können. Freuen Sie sich auf unkomplizierte Übungen, die ohne großen Aufwand zu realisieren sind. So steht einer beständigen Achtsamkeitspraxis nichts mehr im Weg!

5 genussvolle Übungen für achtsames Essen

Durch achtsames Essen können Sie lernen, Mahlzeiten bewusster zu genießen, was sowohl das physische als auch das emotionale Verlangen nach Nahrung besser befriedigen kann. Im Folgenden finden Sie fünf Anregungen, wie Sie achtsames Essen in Ihren Alltag integrieren können.

Langsames Essen mit voller Aufmerksamkeit

Dies ist eine grundlegende Übung, bei der der Fokus darauf liegt, langsamer zu essen und dabei jeden Bissen bewusst wahrzunehmen. Legen Sie bei Ihrer Mahlzeit das Besteck zwischen den einzelnen Bissen ab. Nehmen Sie etwas Ihrer Mahlzeit ganz bewusst mit dem Besteck auf. Wenn Sie darin nicht so geübt sind, können Sie Messer und Gabel auch gegen Essstäbchen eintauschen. Auf diese Weise essen viele Personen automatisch langsamer, weil sie sich erst an den Umgang mit diesem Essbesteck gewöhnen müssen.

Alternativ können Sie auch zu Kinderbesteck oder einem Teelöffel greifen. Da weniger Nahrung auf dieses Besteck passt, wird die Nahrungsaufnahme ebenfalls in die Länge gezogen.

Kauen Sie jeden Bissen gründlich. Empfohlen werden 20 bis 30 Kaubewegungen, um die Nahrung gut auf die weitere Verarbeitung vorzubereiten. Wenn Sie möchten, können Sie die Kaubewegungen zählen. Der Fokus sollte aber weniger auf den Zahlen als auf der Speise liegen.

Achten Sie beim Essen auf die verschiedenen Geschmacksrichtungen, Texturen und Aromen der Nahrung und auch, wie sich diese während des Kauens verändern.

Welche Haptik finden Sie am angenehmsten? Welche Speisen nehmen Sie besonders gern in den Mund? Was spricht Sie optisch an? Wie empfinden Sie das bewusstere und längere Kauen?

Der in die Länge gezogene Prozess fördert das Bewusstsein für das Sättigungsgefühl und steigert gleichzeitig den Genuss beim Essen.

Essen mit allen Sinnen

Diese Übung zielt darauf ab, beim Essen den gesamten Sinnesapparat zu nutzen. Konzentrieren Sie sich während der nächsten Mahlzeit nach und nach jeweils isoliert auf das Aussehen, den Geruch, die Textur des Essens, bevor Sie es in den Mund nehmen. Können Sie auch Geräusche wahrnehmen? Ein Knistern oder ein Brutzeln von Speisen, die gerade erst aus der Pfanne kommen? Ein Rascheln von Salat, den Sie auf die Gabel nehmen, oder ein Knacken?

Wie wirkt diese Verzögerung auf das Geschmackserleben, wenn Sie die Speise dann verzehren? Was hören, riechen, spüren und schmecken Sie jetzt? Welche Geräusche, Gerüche, Aromen und Empfindungen nehmen Sie als appetitanregend wahr? Welche fallen Ihnen jetzt erst auf? Diese Übung verstärkt das sinnliche Erleben und vertieft die Verbindung zur Nahrung, indem alle Sinne einbezogen werden.

Wenn Sie möchten, können Sie auch einmal einen Sinn bewusst ausschalten und dadurch die anderen Sinne hervorheben. Vielleicht kennen Sie das Konzept der Dunkelrestaurants: Hier werden Speisen in völliger Dunkelheit eingenommen – natürlich mit den entsprechenden Sicherheitsvorkehrungen. Vielleicht möchten Sie einmal Ähnliches ausprobieren und mit geschlossenen Augen essen. Wie verhalten sich Ihre anderen Sinne, wenn der sonst so dominante Sehsinn ausgeschaltet ist? Probieren Sie sich aus und freuen Sie sich auf viele spannende Eindrücke und Erkenntnisse.

Rosinen-Meditation

Diese Form der Meditation ist eine klassische Übung aus der Achtsamkeitspraxis, bei der Sie eine einzelne Rosine nutzen, um die Prinzipien des achtsamen Essens zu üben. Wenn Sie keine Rosinen mögen, können Sie selbstverständlich auch ein Stückchen Schokolade, Brot oder Gemüse nehmen.

Beginnen Sie die Übung damit, dass Sie sich zentrieren und gedanklich ganz auf die Rosine ausrichten. Nehmen Sie sich dann einige Minuten Zeit, um die Rosine zu betrachten, an ihr zu riechen und sie zwischen den Fingern zu fühlen. Führen Sie die Rosine dann langsam an Ihre Lippen. Berühren Sie sie damit. Intensiviert sich der Duft? Fühlt sich die Oberfläche so anders an als mit den Fingern? Was bemerken Sie noch? Nehmen Sie alles wahr, ohne es zu bewerten.

Wenn Sie bemerken, dass Sie gedanklich abschweifen, richten Sie Ihre Aufmerksamkeit wieder ganz bewusst auf die kleine Trockenfrucht.

Nun können Sie die Rosine in den Mund nehmen. Spüren Sie sie auf der Zunge. Bewegen Sie sie leicht hin und her. Wie fühlt sich das an? Welchen Geschmack können Sie wahrnehmen? Wie ist die Oberfläche? Wie verhält sich Ihr Geist? Wird Ihnen langweilig oder werden Sie ungeduldig?

Beginnen Sie jetzt, die Rosine langsam zu kauen. Verändert sich dadurch der Geschmack? Wird er intensiver oder süßer? Bemerken Sie, dass Sie die Erwartungen abgleichen, die Sie aufgebaut haben?

Bleiben Sie so gut wie möglich während jeder Phase des Prozesses mit voller Aufmerksamkeit bei Ihren körperlichen Wahrnehmungen.

Schlucken Sie Ihre Rosine nun nach gründlichem Kauen hinunter und spüren Sie, wie sie den Weg durch Ihre Speiseröhre hinabgleitet. Wie lange können Sie sie spüren?

Diese Übung hilft, die Geschwindigkeit beim Nahrungsverzehr zu reduzieren und das Essen intensiver zu genießen. Sie lässt auch erkennen, wie wir unsere Mahlzeiten durch unsere Erwartungen und Bewertungen verändern. Wenn Sie möchten, können Sie Ihre Beobachtungen schriftlich festhalten und diese Übung immer mal wieder durchführen. Können Sie Veränderungen feststellen?

Hunger- und Sättigungsbewusstsein trainieren

Diese Übung hilft Ihnen, die körperlichen Signale von Hunger und Sättigung besser wahrzunehmen und von reinem Appetit zu unterscheiden.

Halten Sie während und nach dem Essen immer wieder inne und achten Sie auf die körperlichen Empfindungen, die mit Hunger, Appetit oder Sättigung verbunden sind. Der Prozess der Sättigung ist ein hochkomplexer Vorgang, der eine gewisse Zeit erfordert. Deshalb sollten Sie mindestens 20 Minuten für diese Übung einplanen.

Ungesunde Essgewohnheiten, wie etwa das Konsumieren im Autopilot-Modus, können durch diese Übung unterbrochen werden. Wenn wir gehetzt essen oder uns nebenbei Nahrung zuführen, während wir am Handy sind, eine Sendung schauen, ein Streitgespräch führen oder unsere Rechnungen erledigen, wirkt sich das alles auf unsere Verdauung und unser Sättigungsgefühl aus. Vielleicht sind wir auch aufgebracht, müde oder traurig und laufen dann wie automatisch an den Kühl- oder Vorratsschrank, um uns „etwas Gutes zu gönnen".

Wir bekommen so oft unsere körpereigenen Sättigungssignale nicht mit, kauen die Nahrung nicht richtig, erschweren unsere Verdauung und können natürlich auch kaum von Genuss sprechen. Oftmals wissen wir gar nicht mehr, was wir da überhaupt gegessen und wie der Teller oder die Packung sich so schnell geleert haben. Vielleicht wird uns danach sogar schlecht oder der Magen drückt.

Die vorgestellte Übung kann dabei helfen, dieses emotionale oder automatische Essen zu reduzieren. Sie haben die Chance, wieder ein Gefühl für die Körpervorgänge und somit auch für das Sättigungsgefühl zu entwickeln. So kann das Essen zu einer bewussten und befriedigenden Erfahrung werden.

Emotionale Reflexion vor dem Essen

Diese Übung lädt Sie dazu ein, unmittelbar vor dem Essen eine kurze Pause einzulegen, um zu reflektieren, welche Gefühle und Gedanken gerade präsent für Sie sind. Diese können Ihre Motivation zu essen, die Nahrungsaufnahme selbst und das anschließende Befinden stark beeinflussen. Mithilfe dieser Übung können Sie emotionale Auslöser für das Essen erkennen, wie etwa Langeweile, Stress oder Traurigkeit. Oftmals sättigen wir ein bestimmtes emotionales Bedürfnis stellvertretend mit Nahrung. Wir essen etwas Leckeres, um uns ein Glücksgefühl zu verschaffen. Allerdings ist der Effekt dieser Hilfsmaßnahme nicht wirklich langfristig: Wirkt das Essen nur kurz tröstend oder beruhigend, sorgt aber langfristig für Probleme, wie etwa eine ungesunde Gewichtszunahme, hohe Kosten, Scham oder Abhängigkeit, dann ist klar, dass es sich um keine effektive Lösungsstrategie handelt.

Durch die Auseinandersetzung mit dem Thema können Sie lernen, bewusster und konstruktiver mit Ihren Emotionen umzugehen, und

Strategien abseits des Essens zu entwickeln, um diese zu regulieren. Außerdem können Sie herausfinden, wie der Genuss Ihrer Speisen durch die vorherrschenden Emotionen beeinflusst wird. Wie essen Sie, wenn Sie aufgeregt sind, fröhlich, bedrückt oder wütend? Welche Muster fallen Ihnen auf? Wie geht es Ihnen danach? Versuchen Sie, eine beobachtende Haltung einzunehmen und sich nicht zu verurteilen. Freuen Sie sich darüber, dass Sie immer wieder in Ihre Achtsamkeit finden. Dadurch schaffen Sie die Möglichkeit, Verhaltensweisen, die Ihnen nicht mehr dienlich sind, zu erkennen und aufzulösen.

Essen ist ein alltäglicher Vorgang, der – bewusst wahrgenommen – viel Freude und sinnliche Vielfalt bereithalten kann. Wagen Sie sich an die verschiedenen Übungen des achtsamen Essens und erkunden Sie, wie die Nahrungsaufnahme zu einer echten Erfahrung werden kann.

Ein weiterer Pluspunkt: Beherrschen Sie die Kunst des achtsamen Essens, steigern Sie nicht nur Ihren Genuss und tun etwas für Ihre körperliche Gesundheit – Sie haben auch eine ganz unauffällige Methode zur Hand, um sich im Alltag unter Menschen kurz zu erden und neu auszurichten. Eine echte Win-win-Situation, oder?

4 inspirierende Methoden des achtsamen Gehens

Achtsamkeitsübungen fördern im Allgemeinen die körperliche und geistige Gesundheit. Sie stärken das Immunsystem und können helfen, sich insgesamt gesünder und widerstandsfähiger zu fühlen. Verstärkt wird dieser Effekt noch, wenn es sich um Bewegungen handelt, die achtsam ausgeführt werden.

Die Gehmeditation ist eine der beliebtesten Achtsamkeitsübungen in Bewegung. Sie lässt sich wunderbar im Alltag durchführen: Da Sie sich ohnehin von einem Ort zum anderen bewegen müssen, haben Sie jedes Mal die Chance, einen Moment der Achtsamkeit zu genießen. Ein weiterer Pluspunkt des achtsamen Gehens ist der, dass es absolut unauffällig ausgeführt werden kann. Sie brauchen kein Equipment und keinen besonderen Ort. Stattdessen können Sie überall und jederzeit in Aktion treten. Wichtig ist nur, dass Sie einige Schritte am Stück machen können. Das geht sogar in einem Zug oder einem Wartezimmer.

Jedoch wird empfohlen, das achtsame Gehen zunächst an einem ruhigen Ort einzuüben. Wenn Sie diese Übung mehrfach ausgeführt haben und routinierter sind, können Sie sie problemlos mitten im alltäglichen hektischen Treiben ausführen.

Um die Technik zu erlernen und einzuüben, sollten Sie auf folgende Punkte achten:

- Wählen Sie einen Ort, an dem Sie ungestört sind und sich sicher fühlen. Geeignet ist ein Flur, ein Garten oder ein kleiner Abschnitt eines Waldweges.
- Wählen Sie eine Strecke, auf der Sie nicht auf andere Passanten oder den Verkehr achten müssen. So können Sie ganz bei sich und Ihren Empfindungen bleiben und Sie gehen kein Risiko bezüglich Ihrer oder der Sicherheit anderer ein.
- Wählen Sie eine Strecke, die genug Raum bietet. Sie muss nicht lang sein, sollte Ihnen aber ermöglichen, mindestens zehn Schritte in eine Richtung zu gehen, damit Sie nicht zu oft umdrehen müssen.
- Tragen Sie bequeme Kleidung, in der Sie genug Bewegungsfreiheit haben. Sie sollte angenehm auf der Haut liegen und Sie nicht durch Kratzen oder Reiben von den Bewegungen ablenken.
- Wählen Sie geeignetes Schuhwerk, mit dem Sie einen guten Kontakt zum Boden haben. Hohe Absätze oder sehr unbequeme oder lockere Schuhe können hierbei hinderlich sein.

Falls es warm genug ist, kann es sehr angenehm sein, barfuß zu gehen. So können Sie sich noch mehr mit dem Boden verbinden und die Bewegungsabläufe intensiver wahrnehmen. Auch das Üben in Socken ist eine Option. Achten Sie dann darauf, dass Ihr Untergrund nicht rutschig und sicher für Sie ist.

Achten Sie immer auf Ihr individuelles Temperaturempfinden und Ihren Gesundheitszustand sowie die Bodenbeschaffenheit.

Der Alltag der meisten modernen Menschen ist sehr bewegungsarm und findet in einer zusammengesunkenen und oftmals verkrampften Haltung statt. Tätigkeiten werden im Autopilot-Modus ausgeführt. Eine Verbindung zu unserem Körper nehmen wir meist erst dann wahr, wenn unangenehme Empfindungen unsere Achtsamkeit mit aller Macht auf sich ziehen oder wir aufgrund von Müdigkeit unser Pensum nicht abarbeiten können.

Eine regelmäßige Bewegungsmeditation kann Ihre Vitalität und Energie erneuern und Ihnen helfen, Anspannung und Stress zu verringern. Mit der Gehmeditation können Sie sowohl nach einem hektischen Arbeitstag zur Ruhe finden als auch neue Energie schöpfen. Los geht's:

Die klassische Gehmeditation

Bei der klassischen Gehmeditation handelt es sich um langsames, bewusstes Gehen. Bei dieser grundlegenden Übung lenken Sie Ihre volle Aufmerksamkeit auf jede Teilbewegung des Gehens. Der Fokus liegt auf den Empfindungen in den Füßen, Beinen und dem restlichen Körper. Diese Übung wird oft in der Stille durchgeführt, ohne Ablenkungen. Sie fördert die Konzentration auf das Gefühl des Bodens unter den Füßen, den Bewegungsfluss und die Körperhaltung.

Starten Sie, indem Sie einen aufrechten Stand einnehmen und das Gewicht gleichmäßig auf beide Füße verteilen. Richten Sie sich auf und zentrieren Sie sich. Bleiben Sie zunächst einen Moment stehen und atmen Sie bewusst ein und aus, um in Ihrem Körper anzukommen. Heben Sie dann Ihr dominantes Bein an und setzen Sie einen Fuß vor den anderen. Führen Sie diese Bewegung stark verlangsamt aus. Sie können sich vorstellen, dass Sie etwa 25 Prozent Ihrer normalen Gehgeschwindigkeit einsetzen. Gehen Sie allerdings nicht zu langsam, um Ihr Gleichgewicht nicht zu sehr zu fordern und einen flüssigen Bewegungsablauf zu erhalten.

Mit dieser verlangsamten Gangart rollen Sie nun den angehobenen Fuß nach dem Aufstellen langsam auf dem Boden ab. Verlagern Sie Ihr Gewicht so, dass Sie den nächsten Schritt mit Ihrem anderen Fuß ausführen können. Wie fühlt sich das an? Welche Empfindung bemerken Sie in Ihren Fußsohlen, im Knöchel und in den Waden? Spüren Sie, dass die Bewegung sich auch im oberen Teil Ihres Körpers fortsetzt? Wie bewegt sich die Hüfte oder die Schulterpartie? Was macht Ihr Kopf? Was machen Ihre Hände? Wie atmen Sie, wenn Sie einen Schritt machen? Spüren Sie genau, was in Ihrem Körper passiert.

Versuchen Sie, wirklich zu fühlen, statt nur darüber nachzudenken, welche Bewegungsabläufe gerade passieren und welche Muskeln sich bewegen. Machen Sie einen Schritt nach dem anderen und führen Sie Ihre Achtsamkeit immer wieder bewusst auf Ihren Körper zurück.

Sie können die Übung noch einige Minuten fortsetzen. Achten Sie darauf, dass Sie gerade am Anfang eher kurze Übungseinheiten durchführen, um Ihren Geist nicht zu überfordern. Wenn Sie später geübter sind, können Sie die Geh-Intervalle ausdehnen und auch an Orten üben, die mehr Ablenkung bereithalten. Beenden Sie die Übung, indem Sie zum Stehen kommen. Richten Sie sich nochmals auf und atmen Sie tief ein und aus. Konzentrieren Sie sich ganz auf Ihren Körper. Was ist jetzt präsent? Geben Sie sich Zeit zum Nachspüren.

Atem-Geh-Meditation

Eine Übung, bei der das Gehen mit der Atmung synchronisiert wird. Zum Beispiel können Sie zwei Schritte beim Einatmen und drei Schritte beim Ausatmen machen.

Vielen Menschen ist die Kombination aus Atem und Bewegung aus dem Jogging bekannt. Selbst wenn Sie noch keine Erfahrung damit haben, können Sie die Übung leicht durchführen. Besonders leicht und damit geeignet für den Einstieg ist das bloße Kombinieren von Einatmen mit Bewegung und Ausatmung mit Stillstand: Sie atmen also während eines Schritts ein und atmen aus, während Sie stillstehen. Auf diese Weise müssen Sie auch nicht zählen und können so leichter bei der Sache bleiben.

Selbstverständlich können Sie auch verschiedene Kombinationen ausprobieren und schauen, wie diese auf Sie wirken. Gibt es eine

Kombination, die besonders beruhigend wirkt? Wie verändert sich Ihr Atem, wenn Sie Ihr Tempo beschleunigen? Sicherlich wissen Sie, dass sich der Atem bei körperlicher Anstrengung beschleunigt – aber wissen ist nicht fühlen. Wie fühlt es sich jetzt in diesem Moment in Ihrem Körper an? Versuchen Sie, Erwartungen und voreingenommene Haltungen außer Acht zu lassen und mit Ihrer Aufmerksamkeit allein ins Fühlen und Sein zu gehen.

Wie wird das Zusammenspiel aus Atem und Bewegung, wenn Sie beschwingter, schleichender, fließender oder zackiger gehen? Erlauben Sie sich, auszuprobieren, und nehmen Sie auch die spielerische Komponente des Ganzen wahr. Diese Technik hilft, den Atem als Anker zu nutzen und die Achtsamkeit auf die Synchronisierung von Atmung und Bewegung zu richten. Sie kann sowohl drinnen als auch draußen durchgeführt werden. Schließen Sie auch diese Übung damit ab, dass Sie zum Stehen kommen und noch einige Momente bewusst nachspüren.

Gehmeditation mit Fokus auf den Bodenkontakt

Bei dieser Übung wird der Fokus darauf gelegt, wie jeder Teil des Fußes den Boden berührt. Probieren Sie, bei jedem Schritt die Abfolge von Fersen-, Ballen- und Zehenkontakt bewusst wahrzunehmen. Spüren Sie, wie das Körpergewicht von einem Fuß auf den anderen verlagert wird. Halten Sie den Fokus auf diesen Bereich und beenden Sie die Übung mittels Nachspüren.

Diese Art der Übung eignet sich gut für Spaziergänge in der Natur oder an ruhigen Orten. Ideal ist es, wenn Sie sie in Strümpfen oder barfuß ausführen können. So haben Sie die Möglichkeit, eine besonders gute Verbindung zum Untergrund zu bekommen. Zudem wird der natürliche Bewegungsablauf Ihres Fußes nicht durch Schuhwerk eingeschränkt oder verändert. Achten Sie aber dann besonders auf den Untergrund.

5-Schritte-Gehmeditation

Diese Form der Gehmeditation ist eine kurze und prägnante Übung: Sie konzentrieren sich darauf, nur fünf Schritte in völliger Achtsamkeit zu gehen, bevor Sie eine Pause machen und innehalten. Wählen Sie auch hier eine absichtlich verlangsamte Gehgeschwindigkeit.

Führen Sie den gesamten Bewegungsablauf hoch konzentriert und bewusst aus. Stimmen Sie sich zunächst wie gewohnt auf die Meditation ein: Nehmen Sie einen aufrechten, würdevollen Stand ein. Verteilen Sie Ihr Gewicht gleichmäßig auf beide Fußsohlen. Gerne können Sie auch mit einigen tiefen Atemzügen den Blick nach innen richten und in sich hineinspüren. Wie fühlen Sie sich vor der Meditation?

Beginnen Sie dann damit, die fünf Schritte sehr achtsam auszuführen und direkt danach innezuhalten. Atmen Sie einige Male bewusst ein und aus, bevor Sie wieder fünf Schritte machen. Diesen Vorgang können Sie so oft Sie möchten wiederholen – wichtig ist allerdings, dass Sie sich bewusst auf die fünf Schritte beschränken. Wenn Sie merken, dass Sie gedanklich abschweifen und länger am Stück gehen, führen Sie Ihre Gedanken wieder sanft zu dem Prozess zurück.

Diese Form der Gehmeditation ist besonders hilfreich für Menschen, die wenig Zeit haben oder Achtsamkeit in stressigen Momenten auf unauffällige Weise praktizieren möchten. Auch in Situationen, in denen Ihnen nur begrenzte Räumlichkeiten zur Verfügung stehen (etwa während einer Bahnfahrt, im Hotelzimmer oder Büro) können Sie so die Vorteile der achtsamen Gehmeditation wunderbar nutzen.

Allgemeine Tipps:

- Bleiben Sie bei einem Tempo, dass Sie körperlich nicht überanstrengt. So haben Sie genug Energie, um Ihren Fokus zu halten. Es geht nicht um eine sportliche Übung, sondern darum, Ihre Achtsamkeit zu schulen.
- Achten Sie auf Ihren inneren Kritiker. Bemühen Sie sich um eine wertungsfreie und ergebnisoffene Haltung. Sie müssen nichts erreichen, nur gehen und sein. Wenn Sie dadurch

ruhiger werden, ist das schön, aber es ist nicht das Ziel der Übung.

- ◆ Wenn Sie bemerken, dass Sie innerlich bewerten, dann akzeptieren Sie auch das. Führen Sie anschließend Ihre Aufmerksamkeit wieder auf den körperlichen Prozess des Gehens zurück.

5 Übungen für achtsames Kommunizieren

Achtsamkeit hilft, die Konzentration und den Fokus zu verbessern, was zu einer bewussteren und authentischeren Kommunikation führen kann. Neben der konzentrierten Aufmerksamkeit ist auch der Aspekt des Selbstmitgefühls und Mitgefühls von besonderer Bedeutung, wenn es um wertschätzende Kommunikation geht.

Partnerübung für aktives Zuhören

Setzen Sie sich mit einer Person Ihres Vertrauens an einen ruhigen Ort und stellen Sie einen Timer auf fünf Minuten. Während dieser fünf Minuten spricht nur eine Person über ein festgelegtes Thema. Die andere Person hört ausschließlich aufmerksam zu. Nach fünf Minuten werden die Rollen getauscht. Anschließend nehmen Sie sich zehn Minuten Zeit, um gemeinsam darüber zu sprechen, was Sie jeweils von dem Gesagten aufgenommen haben und wie es beim anderen angekommen ist. Jeder Gesprächspartner kann daraufhin spiegeln, was er senden wollte.

Diese Übung dient dazu, das achtsame Zuhören zu trainieren. Viel zu oft sind wir in Gedanken schon bei einem anderen Thema und nicht mit unserer ganzen Präsenz bei unserem Gegenüber. Da wir bei dieser Übung nicht reagieren dürfen, können wir uns ganz auf den Prozess des aktiven Zuhörens konzentrieren. Dieser ist eine wichtige Basis für die achtsame Kommunikation, denn nur wenn wir wirklich hören, was unser Gegenüber sagt, können wir auch adäquat darauf antworten.

Killerphrasen aus dem Gespräch nehmen

Killerphrasen wie „Du machst immer …", „Ich habe nie …" oder „Alles ist immer …" erlauben keinen wirklichen Austausch, sondern wirken wie eine Wand. Der natürliche Fluss wird gestoppt. In der Achtsamkeit probieren Sie jedoch, eine offene und nicht wertende Haltung einzunehmen. Um wirklich offen für Ihr Gegenüber zu sein, müssen Sie auf typische Killerphrasen, also Verallgemeinerungen und dramatische Superlative, verzichten. Auf diese Weise schaffen Sie die Voraussetzungen, um weiter im Gespräch miteinander zu bleiben. So können Sie wirklich in einen authentischen Kontakt miteinander kommen.

Die „3-Sekunden-Regel" für bewusste Reaktionen

Diese Übung unterstützt Sie dabei, in Gesprächen impulsives Reagieren zu vermeiden und stattdessen bewusst und reflektiert zu antworten.

Sobald Sie das Bedürfnis verspüren, auf eine Aussage zu reagieren – sei es, um sich zu rechtfertigen, Ihre Meinung durchzusetzen oder emotional zu antworten –, nehmen Sie diesen Impuls bewusst wahr.

Zählen Sie innerlich bis drei, bevor Sie antworten. Nutzen Sie diesen Moment, um Ihre Gedanken zu sortieren und eine wertschätzende, wohlüberlegte Reaktion zu formulieren.

Fragen Sie sich in dieser kurzen Pause:

- ◆ Was möchte ich wirklich kommunizieren?
- ◆ Ist meine Antwort respektvoll und konstruktiv?
- ◆ Unterstützt meine Antwort ein positives Gesprächsklima?

Diese kleine Verzögerung kann entscheidend sein, um Konflikte zu vermeiden und eine achtsame Kommunikation zu fördern. Sie hilft, weniger reaktiv und mehr präsent zu sein.

Liebevolles Selbstgespräch mit der Metta-Meditation

Die Metta-Meditation ist eine spezielle Art der Meditation, bei der Sie positive, liebevolle Gedanken zu sich selbst, zu anderen Menschen oder zu allen Lebewesen aussenden. Die Metta-Meditation wird auch als Herzmeditation oder als Meditation der liebevollen Güte bezeichnet. Das Wort Metta kommt aus dem Pali und bedeutet so viel wie Herzenswärme, Freundlichkeit oder liebevolle Güte. Diese Meditation kombiniert Ihre Kommunikation mit dieser emotionalen Achtsamkeitspraxis. Sie kann helfen, Gefühle der Freundlichkeit und des Mitgefühls zu fördern.

Bei der Metta-Meditation werden Wünsche an sich selbst und/oder andere gesandt. Klassischerweise handelt es sich dabei um vier Wünsche, die den universellen Bedürfnissen der Menschheit nach Sicherheit, Glück und Wohlbefinden Rechnung tragen. Üblicherweise wird die Meditation damit begonnen, die Wünsche für sich selbst auszusprechen:

Möge ich glücklich sein.
Möge ich sicher und geborgen sein.
Möge ich gesund sein.
Möge ich unbeschwert und in Freiheit leben.

Sie sprechen somit Wünsche für das Glück, die Sicherheit, die Gesundheit und ein unbeschwertes Leben aus. Diese Wünsche können Sie nun mit der Kommunikation verbinden: Stimmen Sie sich auf ein Gespräch ein, indem Sie direkt davor einen aufrechten, würdevollen Stand einnehmen und Ihr Gewicht gleichmäßig auf beide Fußsohlen verteilen. Gerne können Sie auch eine Hand auf Ihren Herzbereich legen und die Wärme Ihrer Hand spüren.

So eingestimmt sprechen Sie nun die Wünsche aus und halten anschließend inne, um diesen nachzuspüren. Verstehen Sie die Sätze als Anregung, um sich mit liebevoller Offenheit Gutes zu wünschen und den Kontakt zu sich und dem eigenen Herzen im Gespräch zu aktivieren.

Wertschätzende Kommunikation durch die Metta-Meditation

Wenn Sie möchten, können Sie die eben vorgestellte Herzmeditation ausweiten und die guten Wünsche an einen baldigen Kommunikationspartner senden. Sprechen Sie die vier Sätze oder wandeln Sie die Wünsche entsprechend Ihrer Vorliebe ab. Lassen Sie sich hier von Ihrem Herz leiten und üben Sie sich darin, mit Freude, Mitgefühl und Gelassenheit zu sprechen. Beenden Sie die Meditation, indem Sie Ihre Hände bewusst auf Ihre Herzregion legen und dem Ganzen nachspüren. Danach gehen Sie in das eigentliche Gespräch. Verhalten Sie sich dabei anders?

5 Mikro-Meditationen, die Sie überall durchführen können

Sie brauchen eine kleine Auszeit? Haben Sie das Gefühl, dass Sie gleich aus der Haut fahren? Gönnen Sie sich eine Mikro-Meditation und genießen Sie den überraschend großen Effekt!

Die Farbenmeditation

Suchen Sie sich ein Objekt in Ihrer Lieblingsfarbe und konzentrieren Sie sich wenige Minuten allein darauf. Lassen Sie die Farbe ganz auf sich wirken und genießen Sie die positiven Assoziationen, die Sie damit verknüpfen. Sie können auch statt Ihrer Lieblingsfarbe eine Farbe wählen, die laut der Farbtherapie für Ihre aktuelle Situation besonders gut geeignet ist. Ein tiefes Blau oder Grün gelten als beruhigend und emotional ausgleichend, während sonniges Gelb und fruchtiges Orange belebend und fröhlich wirken. Ebenfalls als sehr stimulierend gilt Rot. Diese Farbe kann allerdings auch sehr aufregend wirken und sollte deshalb mit Bedacht gewählt werden.

Testen Sie individuell aus, was jetzt zu Ihnen und Ihrer Stimmung passt.

Die Sinnesmeditation

Suchen Sie sich einen Ihrer Sinne aus, also Ihren Sehsinn, Ihren Hörsinn, Ihren Tastsinn, Ihren Geschmackssinn oder Ihren Geruchssinn. Konzentrieren Sie sich wenige Minuten auf alle Informationen, die Sie durch diesen Sinn bekommen. Wenn Sie sich beispielsweise für Ihren Sehsinn entscheiden, schauen Sie sich kein bestimmtes Objekt an.

Lassen Sie einfach auf sich wirken, was in Ihr Sehfeld kommt. Beobachten Sie, was diese Sinneseindrücke mit Ihnen machen und halten Sie den Fokus ganz bewusst auf diesem Sinnesorgan.

Die tiefe Bauchatmung

Der Atem als Anker ist eines der bekanntesten Tools in der Achtsamkeitspraxis: Sie haben ihn immer dabei und er lässt sich unauffällig überall einsetzen. Nehmen Sie drei oder fünf tiefe Atemzüge, bei denen Sie bewusst in den Bauch ein- und ausatmen. Zur Verstärkung Ihres Fokus können Sie die Hände auf den Bauch legen und fühlen, wie er sich wölbt und senkt. Diese Übung wirkt ausgleichend und beruhigend, selbst wenn sie nur kurz ausgeführt wird.

Die „Finger-Atmen-Meditation"

Eine kurze Meditation, bei der Sie Atem und Berührung kombinieren, um Ihre Aufmerksamkeit zu bündeln und Stress abzubauen.

Halten Sie eine Hand geöffnet und legen Sie die Fingerspitze des Zeigefingers Ihrer anderen Hand an die Basis des Daumens. Fahren Sie bei jedem Einatmen mit Ihrem Finger nach oben, entlang der Daumenkuppe, und bei jedem Ausatmen wieder zurück nach unten.

Wiederholen Sie dies für jeden Finger der geöffneten Hand. Spüren Sie die Berührung und synchronisieren Sie diese mit Ihrem Atem.

Diese Übung dauert nur eine Minute und verbindet achtsames Atmen mit einer beruhigenden, taktilen Erfahrung. Sie können sie nahezu überall unauffällig durchführen.

Meditation mit Lieblingswort

Sternschnuppe, Herzensmensch – ganz gleich, was Ihr Lieblingswort sein mag, auf die meisten Menschen wirken ihre Lieblingswörter stimmungsaufhellend oder beruhigend. Wählen Sie daher eines Ihrer Lieblingswörter als Mantra aus und wiederholen Sie es innerlich für einige Minuten bei jedem bewussten Atemzug. Dies geht auch unauffällig in der Bahn oder im Wartezimmer beim Arzt und ist in den Situationen prima, in denen es Ihnen schwerfallen könnte, sich ohne klaren Anker zu fokussieren.

Sie haben Lust bekommen, Achtsamkeit im Alltag auszuprobieren? Mit der breiten Auswahl an Übungen und Techniken finden Sie sicherlich für jeden Moment die passende Anregung.

Entdeckungsreise Ihres Körpers: 13 Übungen für mehr innere Ruhe

Ihr Körper ist ein wichtiger Verbündeter, wenn es darum geht, mehr im Hier und Jetzt zu sein. Mit den folgenden Übungen stärken Sie Ihr Körperbewusstsein und können sich immer wieder in sich selbst verorten und zentrieren.

5 kreative Body-Scan-Varianten, die sofort entspannen

Der Body-Scan ist eine Achtsamkeitsübung mit langer Tradition. Seine Ursprünge lassen sich über 2500 Jahre zurückverfolgen. Ausgangspunkt für den heutigen Body-Scan sind Meditationstechniken aus der buddhistischen Vipassana-Tradition, die vor allem in Indien praktiziert werden. Der Body-Scan ist auch unter den Begriffen „Body Sweeping" oder „Körperscannen" bekannt. In der westlichen Welt etablierte sich die Achtsamkeitstechnik zum einen mit der Verbreitung verschiedener Yoga-Schulen, zum anderen durch das von Jon Kabat-Zinn entwickelte Programm „Mindfulness-Based Stress Reduction", kurz MBSR. In Deutschland auch unter dem Namen „Stressbewältigung durch Achtsamkeit" geläufig, avancierte das am Medical Center der Massachusetts Universität erforschte Programm zu einer der am besten untersuchten Maßnahmen im Bereich der Achtsamkeitspraxis. Ein wichtiger Bestandteil dabei ist der erwähnte Body-Scan.

Bei dem Body-Scan wird der Körper systematisch Stück für Stück erspürt, indem die Aufmerksamkeit gezielt auf einzelne Körperteile gerichtet wird. Der Körper wird also nach und nach wie mit einem Scanner gedanklich abgetastet. Ein anderes Bild, das häufig benutzt wird, ist das der Taschenlampe, mit der die einzelnen Körperpartien nacheinander durchleuchtet werden.

Das Erspüren der verschiedenen Bereiche erfolgt rein mit der Vorstellungskraft – Berührung oder Bewegung sind in der Regel nicht vorgesehen. Je nach Ablauf und Achtsamkeitsschule wird der Körper eher großschrittig abgetastet, etwa mit den Stationen Füße, Beine, Gesäß, Rücken, Arme und Kopf, oder aber sehr kleinschrittig, von den einzelnen Zehen zu Teilen des Gesichts, wie der Mundpartie, der Nase und den Schläfen. Somit kann die Dauer des Body-Scans deutlich variieren. Üblicherweise bewegt sie sich zwischen 15 und 45 Minuten. Der klassische Body-Scan ist absichtslos, auch wenn er mitunter als körperorientierte Entspannungstechnik eingesetzt wird. Er kann durchaus dazu beitragen, dass Sie sich sowohl mental als auch körperlich relaxter fühlen. Prinzipiell geht es allerdings weder darum, sich zu entspannen, noch bestimmte Ziele zu erreichen.

Es wird jedoch probiert, eine wohlwollende Haltung gegenüber den körperlichen Empfindungen und dem gesundheitlichen Zustand zu kultivieren. Wohlwollen und Akzeptanz als wichtige Grundpfeiler der Achtsamkeitspraxis sind hier als die mentale Ausrichtung zu verstehen. Sie können dazu genutzt werden, mit den aufkommenden körperlichen und psychischen Wahrnehmungen besser umzugehen.

Viele Menschen erleben gerade zu Beginn des Praktizierens, dass ihre Gedanken abschweifen. Sie beginnen, sich in Bewertungen zu verlieren. Sie erleben die Praxis als langweilig, anstrengend oder schmerzhaft. Dies kann daran liegen, dass sie durch den Fokus auf ihren Körper Dinge bemerken, die sie sonst besser ausblenden können. Auch die reine Beschäftigung mit dem eigenen Körper kann aus anderen Gründen Widerwillen auslösen.

Akzeptanz und Wohlwollen sind bei all diesen Hindernissen gute Werkzeuge, um die Praxis durchzuführen. Sie können so trotz der widersprüchlichen Gefühle gut für sich sorgen.

Der Geist muss zunächst trainiert werden, hat aber durch die Konzentration auf die einzelnen Körperstellen gute Ankerpunkte. Daher kann es Ihnen leichter als bei klassischen Meditationen fallen, den Fokus zu halten.

In traumasensiblen Anleitungen zum Body-Scan wird empfohlen, Körperstellen, die als sehr schwierig empfunden werden oder die mit traumatischen Erlebnissen verknüpft sind, bei Bedarf auszulassen. In solchen Fällen wird angeraten, sich statt auf diesen Bereich auf die Atmung zu konzentrieren. Danach kann weiter dem Ablauf gefolgt werden.

Im Folgenden finden Sie einige Formen des Body-Scans, die Sie durchführen können, sowie allgemeine Hinweise für eine erfolgreiche Durchführung.

Sanftes Einstimmen:
Planen Sie ausreichend Zeit für Ihren Body-Scan ein und beginnen Sie mit einer sanften Einstimmung. Auf diese Weise wird es Ihnen leichterfallen, sich auf den Prozess einzulassen und Ihren Geist zu fokussieren. Wenn Sie geübter sind, können Sie den Body-Scan natürlich auch direkt beginnen. In den meisten Fällen ist es aber leichter, Körper und Geist zunächst etwas zu beruhigen, um die Achtsamkeit gezielt lenken zu können.

Ruhe und Sicherheit:
Sorgen Sie dafür, dass Sie ungestört sind. Schalten Sie die Benachrichtigungen an Ihrem Telefon aus. Teilen Sie Ihren Mitmenschen mit, dass Sie in den nächsten 45 Minuten nicht gestört werden möchten. Auf diese Weise können Sie sich ganz auf den Prozess konzentrieren. Sie müssen nicht mit einem Ohr hinhören, ob jemand kommt, oder eine anderweitige Unterbrechung befürchten.

Frische Luft und angenehme Temperaturen:
Lüften Sie vorab, falls Sie die Möglichkeit haben, noch einmal den Raum, in dem Sie praktizieren, um für eine gute Luftqualität zu sorgen. Ferner passen Sie die Raumtemperatur bei Bedarf an. Beachten Sie, dass im Liegen und bei Entspannung die Körpertemperatur abfallen kann. Legen Sie bei Bedarf eine Decke bereit.

Bewegungsfreiheit:
Auch wenn Sie sich beim klassischen Body-Scan in der Regel nicht bewegen, ist es wichtig, lockere Kleidung zu wählen, sodass Sie in Ihren Atembewegungen nicht eingeschränkt sind. Achten Sie bei der Einnahme Ihrer Körperposition darauf, dass nichts drückt oder zwickt. Eventuell möchten Sie auch Gürtel, Ketten oder Armreifen ablegen.

Klassischer Body-Scan

Als die im Westen am häufigsten vertretene Form des Body-Scans wird in der Regel der Body-Scan nach Jon Kabat-Zinn und seinem MBSR-Programm verstanden. Dabei wird die Aufmerksamkeit über einen Zeitraum von 30 bis 45 Minuten auf jeden Teil des Körpers gerichtet. Begonnen wird meist bei den Füßen, von denen aus der Body-Scan nach oben hin weitergeführt wird. Seltener wird der Body-Scan vom Kopf aus begonnen und dann gedanklich hinunter bis zu den Zehen geführt. Traditionellerweise wird eine liegende Position eingenommen, da so das Gewicht des Körpers an die Unterlage abgegeben werden kann und der Fokus ganz auf der Übung liegt. Alternativ ist auch eine Durchführung im Sitzen möglich. Insbesondere dann, wenn Sie leicht einschlafen, ist diese vorzuziehen.

Der Fokus liegt beim Body-Scan darauf, alle körperlichen Empfindungen wahrzunehmen, ohne sie zu bewerten oder verändern zu wollen.

Kurzer Body-Scan (Mini-Body-Scan)

Eine beliebte Variante des klassischen Body-Scans ist die Kurzform dieser Technik, die etwa 10 bis 15 Minuten dauert. Der Fokus liegt auf den wichtigsten Körperbereichen (wie Kopf, Brust, Armen, Bauch, Beinen). Auf diese Weise lässt sich eine Achtsamkeitspraxis auch mit wenig Zeit in den Alltag integrieren. Diese Übung eignet sich gut für Menschen, die nur kurze Zeitfenster zum Praktizieren zur Verfügung haben. Sie ist auch ideal als Zwischenübung im Alltag. Es empfiehlt sich jedoch, zunächst die Langversion einzuüben und diese auch immer wieder zu praktizieren, um die körperbasierte Achtsamkeit bestmöglich zu trainieren und sich in dieser Übung sicher zu fühlen.

Atem-fokussierter Body-Scan

Eine Variation des klassischen Body-Scans, bei der der Atem als Anker verwendet wird, ist der atembasierte Body-Scan. Das mentale Abwandern der einzelnen Körperpartien wird mit einer bewussten Atmung kombiniert. Eine der populärsten Formen dieser Body-Scan-Variante ist die, bei der die Ausführenden in die jeweiligen Körperbereiche hineinatmen, um die Achtsamkeit zu vertiefen.

Ein positiver Nebeneffekt ist der, dass bei einer tiefen und gleichmäßigen Atmung auch das vegetative Nervensystem beruhigt wird und somit eine Form der Entspannung eintreten kann.

Progressiver Muskelentspannungs-Body-Scan

Eine Technik, die den Body-Scan mit progressiver Muskelentspannung kombiniert, eignet sich für Personen, die nur schwer zur Ruhe kommen, oder Probleme haben, mit ihrer Aufmerksamkeit bei sich zu bleiben. Genau wie beim klassischen Body-Scan werden die einzelnen Körperbereiche gedanklich angesteuert. In diesem Fall ist damit auch eine tatsächliche Bewegung verknüpft: Die mental angesteuerten Muskelgruppen werden zunächst angespannt und anschließend wieder entspannt, bevor es mit der innerlichen Andacht weiter zur nächsten Muskelgruppe geht. Durch die Kombination mit der tatsächlichen Bewegung und der direkten Rückmeldung durch Körperempfindungen fällt es vielen Menschen leichter, mit ihrer Aufmerksamkeit beim Body-Scan zu bleiben. Frustration durch stetiges Abschweifen kann so verhindert werden.

Auch wenn Sie sich innerlich sehr aufgewühlt, angespannt oder überarbeitet fühlen, ist diese Technik empfehlenswert. Ebenso bietet sie sich bei starken Emotionen wie Trauer, Wut oder auch extremer Freude an, wenn Sie sich nur schwer auf einen klassischen Body-Scan einlassen können. Die Methode fördert die körperliche Entspannung durch den bewussten Wechsel zwischen Anspannung und Loslassen der Muskelgruppen und sorgt somit auch für eine Abnahme der inneren Spannung.

Emotions-fokussierter Body-Scan

Eine Übung, die den Body-Scan mit der Beobachtung und Akzeptanz von Emotionen kombiniert, ist der emotionsbasierte Body-Scan. Der Fokus liegt bei dieser Ausführung darauf, wie Emotionen im Körper empfunden werden. So zeigt sich eine niedergedrückte Stimmung beispielsweise durch eine „Schwere" in der Brust oder Besorgnis durch „Kälte" in den Händen. Während Sie die einzelnen Stationen des klassischen Body-Scans mental abwandern, konzentrieren Sie sich also darauf, wie sich Ihre momentane Stimmung oder das vorherrschende Gefühl auf körperlicher Basis bemerkbar macht. Sie können auch beobachten, wie diese Empfindungen auf Ihre emotionale Verfassung zurückwirken. So können Sie ein tieferes Verständnis für das Zusammenspiel aus Geist und Körper entwickeln. Sie haben die Möglichkeit, sich in entspannter Atmosphäre mit Ihren psychosomatischen Abläufen vertraut zu machen. Zudem fördern Sie die Akzeptanz gegenüber den eigenen emotionalen Zuständen.

Ergänzung: Alle Techniken können Sie mit einer Visualisierung kombinieren. Während Sie die einzelnen Körperbereiche scannen, arbeiten Sie zusätzlich mit einer bildhaften Vorstellung. Diese Methode wird oft in der therapeutischen Praxis eingesetzt, um eine stärkere emotionale und körperliche Entspannung zu fördern. Folgen Sie dem klassischen Ablauf und kombinieren Sie beim Durchwandern des Körpers die Vorstellung von Licht oder Wärme, um diese Bereiche zu entspannen und zu nähren. Versuchen Sie, sich die Wärme oder das Licht so lebhaft wie möglich vorzustellen, und genießen Sie den Effekt.

3 schnelle und wirksame Übungen der Progressiven Muskelentspannung

Die Progressive Muskelentspannung ist ein körperbasiertes Verfahren, das auf den amerikanischen Arzt Edmund Jacobson zurückgeht. Dieser erforschte mehrere Jahrzehnte den Zusammenhang zwischen mentaler und körperlicher Anspannung. Sein Verfahren zur An- und Entspannung festgelegter Muskelgruppen soll nach der Anspannung den Muskeltonus reduzieren und somit das zentrale Nervensystem beruhigen.

Klassische Progressive Muskelentspannung

Bei der klassischen Progressiven Muskelentspannung nach Jacobson halten Sie die Spannung der einzelnen Muskelgruppen für fünf bis sieben Sekunden, einige Anleitungen empfehlen auch zehn Sekunden. Anschließend entspannen Sie den Bereich für circa 30 Sekunden, mindestens jedoch für den doppelten Zeitraum der vorherigen Anspannung.

Wenn Sie in die Anspannung gehen, achten Sie darauf, sich körperlich nicht zu überfordern.

Nehmen Sie eine bequeme Position in Rückenlage ein. Die Beine liegen hüftbreit geöffnet, die Fußspitzen fallen nach außen. Atmen Sie einige Male tief ein und aus, um in Ihrem Körper anzukommen. Vergegenwärtigen Sie sich Ihres Körpers.

Spannen Sie jetzt den rechten Fuß an, indem Sie die Zehen Richtung Boden krallen. Halten Sie die Spannung und lassen Sie anschließend wieder los. Wie fühlt sich das an?

Ziehen Sie nun die Fußspitze zu Ihrem Schienbein und spannen Sie den Unterschenkel an. Lassen Sie los. Spüren Sie der Entspannung nach.

Heben Sie jetzt das rechte Bein leicht vom Boden ab, um den Oberschenkel anzuspannen. Halten Sie die Spannung und lassen Sie anschließend wieder los. Spüren Sie, wie Ihr ganzes rechtes Bein entspannt ist. Ist es wärmer oder schwerer als das linke Bein? Welche Unterschiede bemerken Sie?

Jetzt geht es auf die linke Seite: Krallen Sie Ihre Zehen in den Untergrund, um Ihren Fuß anzuspannen. Halten Sie auch hier einige Sekunden und lassen Sie dann los. Wie fühlt sich die Entspannung in Ihrem Fuß an? Jetzt ziehen Sie den linken Fuß zu Ihrem Schienbein, um die Wadenmuskulatur anzuspannen. Halten Sie und lassen Sie nach einigen Sekunden los. Spüren Sie dem Gefühl der Entspannung nach.

Heben Sie dann das linke Bein leicht vom Boden ab und spannen Sie den Oberschenkel an. Halten Sie die Spannung und lassen Sie dann los. Fühlen Sie, wie beide Beine entspannt sind. Anschließend spannen Sie das Gesäß an. Halten Sie die Spannung und lassen Sie dann los. Was können Sie wahrnehmen?

Nun spannen Sie den Rücken an, indem Sie ihn fest in die Unterlage drücken. Halten Sie die Spannung. Lassen Sie dann los. Spannen Sie nun Ihren Bauch an, indem Sie ihn fest einziehen. Lassen Sie auch hier nach einigen Sekunden los. Ballen Sie dann Ihre rechte Hand zur Faust, halten Sie die Spannung und lösen Sie sie wieder.

Nun winkeln Sie den rechten Arm an und bauen Spannung im gesamten Arm auf. Lassen Sie auch hier nach einigen Sekunden los. Spüren Sie der Entspannung nach, die Ihren ganzen rechten Arm durchströmt. Merken Sie einen Unterschied zu Ihrem linken Arm?

Nun machen Sie mit der linken Hand eine Faust und bauen auch hier für einige Sekunden Spannung auf. Lassen Sie los und spüren Sie nach. Anschließend winkeln Sie den linken Arm an und spannen auch diesen an. Lassen Sie los und fühlen Sie Ihren ganzen Arm in seiner Entspannung.

Als Nächstes spannen Sie die Schultern an, indem Sie diese Richtung Untergrund drücken. Halten Sie die Spannung und lassen Sie dann los. Wie fühlt sich Ihre Schulterpartie jetzt an?

Wandern Sie nun zu Ihrer Hals- und Nackenpartie und bauen Sie leicht Spannung auf. Achtung: Seien Sie hier besonders behutsam! Nach kurzer Zeit lassen Sie wieder los.

Anschließend bauen Sie Spannung in Unterkiefer und Lippen auf, indem Sie die Zähne und Lippen fest aufeinanderpressen. Nach einigen Sekunden lassen Sie wieder los. Jetzt bauen Sie Spannung im restlichen Gesicht auf: Rümpfen Sie die Nase, kneifen Sie die Augen zusammen und runzeln Sie die Stirn. Halten Sie die Spannung und lassen Sie dann wieder los.

Weiten Sie anschließend Ihre Aufmerksamkeit auf Ihren gesamten Körper aus und geben Sie sich ganz dem Gefühl der Entspannung hin.

Um die Übung abzuschließen, können Sie sanft die Zehen und Finger bewegen und über die Seite in den Sitz kommen.

Kurzform der Progressiven Muskelentspannung

Kurzformen der Progressiven Muskelentspannung arbeiten mit kürzeren An- und Entspannungsintervallen und einer reduzierten Anzahl anzuspannender Bereiche. Oftmals werden auch Bereiche zusammengefasst, wie in dieser Variante:

Spannen Sie zunächst den linken und den rechten Fuß an. Die Anspannungsphase soll etwa fünf, die Entspannungsphase zehn Sekunden dauern. Wandern Sie dann zu den Unterschenkeln, die Sie ebenfalls fünf Sekunden anspannen und zehn Sekunden entspannen. Danach sind beide Oberschenkel gemeinsam, das Gesäß, der Rücken, beide Hände und beide Arme dran. Enden Sie beim Gesicht und Kiefer, indem Sie die Zähne aufeinanderpressen, die Nase rümpfen sowie die Stirn runzeln. Nehmen Sie zum Abschluss den gesamten Körper in seiner Entspannung wahr.

Führen Sie sich dann wieder ins Hier und Jetzt zurück, indem Sie Hände und Füße bewegen und sich langsam aufrichten.

Progressive Muskelspannung und Atmung

Bei dieser ausführlichen Form der Progressiven Muskelentspannung verknüpfen Sie die Bewegung mit dem Atem, sodass ein rhythmischer Wechsel aus An- und Entspannung entsteht.

Begeben Sie sich in die Rückenlage und atmen Sie einige Male sanft ein und aus, bevor Sie beginnen. Krallen Sie die Zehen beider Füße ein, während Sie einatmen, und lassen Sie los, während Sie ausatmen. Beim nächsten Einatmen spreizen Sie die Zehen, beim Ausatmen lassen Sie locker. Beim nächsten Einatmen führen Sie die Zehenspitzen Richtung Boden, beim Ausatmen lassen Sie locker. Dann ziehen Sie beim Einatmen die Zehenspitzen Richtung Knie, beim Ausatmen lassen Sie locker. Bei der nächsten Einatmung spannen Sie die Unterschenkel an, bei der Ausatmung lassen Sie locker. Ziehen Sie anschließend die Kniescheiben nach oben Richtung Bauch, beim Ausatmen lassen Sie locker. Beim nächsten Einatmen spannen Sie die Oberschenkel an und lassen beim Ausatmen wieder locker. Spannen Sie nun beim Einatmen das Gesäß an, beim Ausatmen lösen Sie die Spannung.

Mit der nächsten Einatmung gehen Sie leicht ins Hohlkreuz. Dann atmen Sie aus und lassen locker. Als Gegenbewegung atmen Sie ein und pressen die Lendenwirbelsäule Richtung Boden, beim Ausatmen lösen Sie die Spannung. Seien Sie hier besonders achtsam und führen Sie die Bewegung bei Bedarf nur minimal aus. Ziehen Sie nun den Nabel Richtung Wirbelsäule, während Sie einatmen, und lassen Sie beim Ausatmen los. Anschließend blähen Sie beim Einatmen den Bauch nach außen, beim Ausatmen lassen Sie los. Beim nächsten Einatmen weiten Sie den Brustkorb und lassen dann wieder los. Anschließend ziehen Sie die Schultern beim Einatmen hoch zu den Ohren und lassen sie beim Ausatmen wieder sinken. Beim nächsten Einatmen ziehen Sie die Schultern nach unten und lassen sie beim Ausatmen los. Ballen Sie beim nächsten Luftzug Ihre Hände zu Fäusten und lassen Sie sie beim Ausatmen wieder los. Spannen Sie dann bei der nächsten Einatmung die gesamten Arme an und lassen Sie sie beim Ausatmen los.

Ziehen Sie nun Ihr Kinn Richtung Kehlkopf und halten Sie die Spannung beim Einatmen. Beim Ausatmen lassen Sie los. Mit dem nächsten Einatmen heben Sie den Kopf leicht an und strecken den Hals. Mit dem Ausatmen lösen Sie die Spannung. Nun drücken Sie beim Einatmen die Zunge gegen den Gaumen und lassen beim Ausatmen wieder los.

Pressen Sie jetzt beim Einatmen die Kiefer aufeinander und lassen beim Ausatmen los. Beim nächsten Einatmen rümpfen Sie die Nase und kneifen die Augen zusammen und entspannen alles beim Ausatmen. Öffnen Sie beim nächsten Einatmen den Mund, strecken Sie die Zunge heraus und reißen Sie die Augen auf. Lösen Sie beim Ausatmen die Spannung und nehmen Sie nun Ihren Körper als Ganzes wahr.

Lenken Sie Ihre Aufmerksamkeit auf alle Körperareale und fühlen Sie der Entspannung nach. Anschließend aktivieren Sie Ihren Körper durch kleine Bewegungen der Hände und Füße und richten sich wieder zum Sitzen auf, um ganz im Hier und Jetzt anzukommen.

3 sanfte Yoga- und Stretching-Übungen

„Jeder, der will, kann Yoga praktizieren. Jeder kann atmen und daher kann jeder Yoga praktizieren. (...) Es gibt genau das richtige Yoga für jede Person. Dabei muss sich der Einzelne nicht dem Yoga anpassen, vielmehr wird sich Yoga nach den individuellen Bedürfnissen des Menschen richten."

Dieses Zitat des indischen Yogalehrers T. K. V. Desikachar zeigt auf, dass das gängige Vorurteil, Yoga wäre nur etwas für spirituell veranlagte Leute oder sehr junge und flexible Athleten, gegenstandslos ist und die Vorteile des Yogas von jeder Person genossen werden können.

Dieses ganzheitliche System aus Körper-, Atem- und Geistesübungen bietet viele Vorteile für die körperliche und geistige Gesundheit und wird in den verschiedensten Varianten unterrichtet, bei denen der Fokus je nach Schule mal mehr auf den körperlichen Übungen, den Asanas, oder mal mehr auf dem Atem oder den yogischen Schriften liegt.

In diesem Kapitel werden Ihnen drei einfach auszuführende Asanas vorgestellt, die Ihnen dabei helfen, sanft und achtsam in Bewegung zu kommen und sich zu erden.

Die Übungen können in der Regel sowohl auf der Matte als auch sitzend auf einem Stuhl durchgeführt werden, sodass Sie entsprechend Ihrer individuellen Bedürfnisse und Voraussetzungen die passende Variante wählen können.

Üblicherweise findet sich bei der Übungsbeschreibung ein Hinweis, wie die Atmung mit den Körperbewegungen verbunden wird. Sollte dies zu herausfordernd sein, konzentrieren Sie sich auf eine ruhige und intuitive Atmung und achten Sie darauf, dass Ihr Atem frei fließen kann.

Neben dem Ausführen der Übungen sollten Sie sich auch Zeit gönnen für ein bewusstes Nachspüren. So können Sie die Veränderungen im Körper besonders gut miterleben und Ihren Geist fokussieren.

Katze-Kuh

Diese Übung ist wunderbar dafür geeignet, die Wirbelsäule beweglich zu halten und die Atmung zu vertiefen.

Traditionellerweise wird die Übung im Vierfüßlerstand ausgeführt: Ihre Hände platzieren Sie dazu mit gespreizten Fingern direkt unter Ihren Schultern. Verteilen Sie das Gewicht gleichmäßig auf Ihren Knien und Händen. Der Rücken ist neutral, der Kopf in Verlängerung der Wirbelsäule, der Blick geht nach unten. Atmen Sie ein und beginnen Sie bei der nächsten Ausatmung, den Rücken Wirbel für Wirbel zu runden und einen Katzenbuckel zu machen. Der Kopf wandert dabei in Richtung des Brustbeins, das Becken wird eingekippt. Bei der nächsten Einatmung kehren Sie die Position um, heben den Blick und lassen den Rücken durchhängen wie eine Kuh.

Sie können die Übung auch im Sitzen auf einem Stuhl durchführen. Legen Sie dazu die Hände auf den Oberschenkeln ab, platzieren Sie die Fußsohlen gerade auf dem Boden, atmen Sie ein und machen Sie bei der nächsten Ausatmung einen runden Rücken. Bei der nächsten Einatmung gehen Sie Wirbel für Wirbel ins Hohlkreuz und schauen zur Decke. Verbinden Sie den Bewegungsablauf mit Ihrem Atem und wiederholen Sie ihn einige Male. Spüren Sie anschließend nach und freuen Sie sich über mehr Beweglichkeit in Ihrer Wirbelsäule und ein leichteres Atmen.

Der Drehsitz

Dreh-Asanas sollen den Praktizierenden Ruhe und Klarheit schenken. Sie sind eine willkommene Möglichkeit in unserem bewegungsarmen Alltag, um den vollen Bewegungsumfang zu spüren, der uns möglich ist. Dies kann Verspannungen lösen und die Muskeln in Rücken und Bauch stärken.

Für eine sanfte Variante auf dem Stuhl nehmen Sie eine aufrechte Position auf der Sitzfläche ein. Drehen Sie sich dann zuerst nach rechts außen, wobei Sie die linke Hand auf der Außenseite Ihres rechten Oberschenkels platzieren. Ihre rechte Hand können Sie hinter Ihrem Körper an der Stuhllehne ablegen. Der Kopf folgt dem Körper und schaut ebenfalls nach rechts. Atmen Sie während der Drehung ruhig und gleichmäßig ein und aus und kommen Sie dann wieder in die Mitte zurück. Spüren Sie einen Moment nach, bevor Sie die Übung in die andere Richtung ausführen.

Wenn Sie die Bewegung mit der Atmung kombinieren möchten, können Sie bei der Drehung zur Seite ausatmen und bei der Einatmung wieder zur Mitte kommen.

Die Vorbeuge

Auf körperlicher Seite gelten Vorbeugen als ideal, um die Rückenpartie zu dehnen. Auf psychischer Seite sind sie bestens dazu geeignet, den Blick nach innen zu richten, die Atmung bewusst zu spüren und Ruhe in den Geist zu bringen.

Bei der stehenden Vorbeuge nehmen Sie zunächst einen aufrechten Stand ein, bei dem Sie die Füße hüftbreit aufstellen, diese gleichmäßig belasten und den Scheitelpunkt nach oben ziehen. Atmen Sie ein und beugen Sie sich dann mit der Ausatmung langsam nach vorn hinunter über die Oberschenkel. Lassen Sie den Kopf hängen, die Hände ruhen je nach Flexibilität auf dem Boden oder auf den Beinen. Achten Sie darauf, vor allem in Hals und Schultern entspannt zu bleiben, und lassen Sie sich bei der Ausatmung immer tiefer in die Position hineinsinken. Verweilen Sie kurz und richten Sie sich dann mit gebeugten Beinen wieder auf.

Bei der sitzenden Vorbeuge legen Sie beim Einatmen die Hände auf Ihren Oberschenkeln ab und gleiten mit diesen beim Ausatmen die ausgestreckten Beine hinab, bis sich Ihr Oberkörper nach vorn über Ihre Oberschenkel legt. Auch bei dieser Variante ruhen die Hände je nach Flexibilität auf den Beinen oder dem Boden. Nach einigen Augenblicken können Sie die Haltung lösen. Spüren Sie wieder nach und freuen Sie sich am gelungenen Zusammenspiel von Geist und Körper.

2 Übungen für mehr Bewusstsein und Achtsamkeit

Achtsamkeitsübungen fördern die körperliche und geistige Gesundheit, stärken das Immunsystem und helfen, sich insgesamt gesünder und widerstandsfähiger zu fühlen. Die regelmäßige Praxis von Achtsamkeitstechniken wie Meditation und Atemübungen hilft, die Energie und Vitalität zu erneuern, sodass Sie sich gleichermaßen erfrischt und ruhig fühlen. Ferner kann eine regelmäßige Praxis zu einer achtsameren Körperwahrnehmung führen. Dies kann dabei helfen, sich mehr mit seinem eigenen Körper zu verbinden, diesen besser kennenzulernen und auch Schmerzen zu lindern oder leichter mit ihnen umzugehen.

Den Körper spüren

Fällt es Ihnen schwer, einen Zugang zu Ihrem Körper zu finden und ist Ihre Körperwahrnehmung bisher nicht gut ausgebildet, können Sie mit deutlichen Reizen arbeiten.

Legen Sie sich dazu folgende Dinge bereit: Eiswürfel, eine Wärmflasche, ein Tuch mit sehr weicher Oberfläche und ein Tuch mit einer sehr rauen Oberfläche (alternativ eignet sich hier auch ein Peeling-handschuh). Streichen Sie zuerst mit dem weichen Tuch über Ihren Unterarm. Wie fühlt sich das an? Bleiben Sie ganz bei dem Gefühl und spüren Sie ihm nach. Dazu können Sie auch gerne Ihre Augen schlie-ßen. Anschließend verwenden Sie das raue Tuch. Nehmen Sie einfach wahr, welche Gedanken in Ihnen auftauchen, welche Bewertungen, welche körperlichen Reaktionen. Anschließend gleiten Sie mit dem Eiswürfel über Ihren Unterarm. Empfinden Sie den Kontakt als an-genehm, unangenehm oder neutral? Jetzt halten Sie die Wärmflasche an dieselbe Hautstelle. Was können Sie beobachten?

Wiederholen Sie diese Übung über einen Zeitraum von mehreren Wo-chen. Beobachten Sie, ob Sie immer schneller auf die Reize reagieren und weniger heftige benötigen, um Körperwahrnehmungen zu regist-rieren und einzuordnen.

Eigenmassage

Nehmen Sie sich eine wohlriechende Handcreme oder Lotion, die Ihre Sinne anspricht, und gönnen Sie sich beim Eincremen Ihrer Hände eine kleine Eigenmassage. Achten Sie auf alles, was Sie wahr-nehmen können: den Duft, die Berührung, die Temperatur der Cre-me und Ihrer Hände. Beobachten Sie, wie Körper und Geist auf diese Form der Zuwendung reagieren. Führt dies zu einer körper-lichen oder mentalen Entspannung? Sinken Ihre Schultern vielleicht ab oder entfährt Ihnen ein kleiner Seufzer? Nehmen Sie alles wahr und offen an und freuen Sie sich darüber, sich selbst etwas Gutes zu tun und ganz bei sich und Ihrem Körper zu sein.

Wiederholen Sie auch diese Übung in einigen Abständen in den nächs-ten Wochen und beobachten Sie, wie sich Ihre Körperwahrnehmung verändert, wenn Sie achtsam mit Ihrem Körper umgehen und diesen nicht im Autopilotmodus versorgen.

Mit der Fülle an körperbasierten Achtsamkeitsübungen können Sie Ihre Praxis abwechslungsreich halten und nicht nur etwas für Ihre mentale, sondern auch Ihre körperliche Präsenz tun.

Emotionale Balance:
15 Übungen, die Ihnen helfen,
Gefühle bewusst zu leben

Achtsamkeitstechniken können helfen, das emotionale Wohlbefinden zu verbessern und Stress abzubauen. Dies kann sich positiv auf die emotionale Balance von Ihnen und Ihren Liebsten auswirken.

Schon das Bewusstsein, dass sie aktiv an ihrer Gesundheit und ihrem

Wohlbefinden arbeiten, kann Menschen helfen, sich selbstbewusster zu fühlen und als wichtig und wertvoll wahrzunehmen.

Die vorgestellten Techniken eignen sich übrigens nicht nur im Umgang mit den eigenen Gefühlen, sondern auch bei der Interaktion mit anderen Menschen. Beispielsweise können Sie die Achtsamkeit nutzen, um gelassener und bewusster im Umgang mit Ihren Kindern und deren Emotionen zu sein. So können Sie nicht nur Ihre Rolle als Eltern stärken und die Beziehung zu Ihren Kindern vertiefen, sondern während der Erziehungsarbeit auch weiterhin gut für sich selbst sorgen.

Selbstliebe und Achtsamkeit zu praktizieren, ist keinesfalls egozentriert. Es handelt sich dabei zwar um eine bewusste Zuwendung zu sich selbst, die aber keinesfalls ausschließt, dass Sie auch weiterhin im positiven Austausch mit anderen Menschen sind. Auf den ersten Blick mag es vielleicht egoistisch erscheinen, sich Zeit und Raum für die eigene Achtsamkeitspraxis zu nehmen. Möglicherweise ist es ungewohnt, neue Grenzen aufzuzeigen und den Kontakt mit Energieräubern und negativen Personen bewusster zu gestalten, zu begrenzen oder sogar abzubrechen.

Allerdings schaffen Sie so Raum für eine authentische und mitfühlende Beziehung. Selbstliebe erlaubt einen ehrlichen Kontakt, bei dem sowohl die Bedürfnisse der anderen Person als auch Ihre eigenen gleichwertig beachtet werden. Achtsamkeit kann Ihnen dabei helfen, mitfühlender und aufmerksamer mit anderen zu sein. Das kann Beziehungen vertiefen und zu mehr echter Bindung, Verständnis und Liebe führen.

Die bewusste Praxis von Achtsamkeit kann Sie darin unterstützen, sich durch Gelassenheit und Präsenz offen und frei auf andere einzulassen. So können Sie in einen authentischen Austausch kommen, statt einfach nur soziale Rollen zu spielen und Aufgaben zu erledigen.

Achtsamkeit kann ferner dabei helfen, mentale Blockaden zu lösen und emotionale Herausforderungen zu bewältigen. Diese Form der Selbstwirksamkeit stärkt das Selbstbewusstsein. Sie können am eigenen Leib erfahren, dass Sie Ihre Gedanken und Gefühle durch Achtsamkeit besser regulieren können. Eine angenehme Folge davon: ein positiveres Selbstbild.

Es geht nicht darum, sich von Sorgen zu befreien oder als unangenehm bewertete Gefühle zu negieren oder komplett auszulöschen. Vielmehr geht es darum, durch die Achtsamkeitspraxis zu lernen, die eigenen Emotionen (auch unangenehme wie Wut, Scham und Angst) zu erkennen, zu akzeptieren und einen konstruktiven Umgang damit zu finden. Dieser kann beinhalten, das Gefühl loszulassen, was zu einem friedlicheren und sorgenfreieren Geist führt.

Manchmal sind wir so gekränkt, beschämt oder verletzt, dass wir nicht loslassen wollen oder können. Neben dem Leid, das durch den eigentlichen Vorfall ausgelöst wurde, verursachen wir durch unsere permanente Beschäftigung mit dem Thema weiteres Leid. In der Achtsamkeitspraxis wird hier mit dem Sinnbild von Pfeilen gearbeitet: Der erste Pfeil mag von außen gekommen sein, durch eine emotionale oder körperliche Verletzung. Diese verursacht einen Schmerz. Wenn wir uns nun dafür ablehnen, unsere ganze Kraft aufwenden, um diesen Schmerz nicht wahrhaben zu wollen, uns dafür schämen oder ihn bekämpfen, dann schießen wir selbst einen zweiten Pfeil auf uns ab. Dieser löst weiteren Schmerz aus, der vermeidbar gewesen wäre.

Ein achtsamer Lebensstil fördert die Bewusstheit im Umgang mit den eigenen Emotionen und Ressourcen und kann dabei helfen, keinen zweiten Pfeil abzuschießen. Nicht-Anhaftung ist hier ein wichtiges Stichwort. Sie ist sowohl nützlich bei positiv als auch bei negativ besetzten Emotionen. Wir Menschen neigen dazu, vom Angenehmen mehr haben zu wollen und dies möglichst für immer zu behalten. Unangenehmes hingegen wollen wir am besten gar nicht erst erfahren und wenn es doch passiert, sofort loswerden. Dies ist eine natürliche Reaktion, die im Extremfall unser Überleben sichern kann. Allerdings kann sie ungezügelt dazu führen, dass wir dem Genuss hinterherjagen. Mit den unvermeidlichen Widrigkeiten des Lebens hingegen können wir dann überhaupt nicht mehr umgehen.

Wenn wir allerdings wissen, dass nichts von Dauer ist, wird es uns leichter gelingen, aus diesem Verhaltensmuster auszusteigen. Wir können uns gelassener mit dem auseinandersetzen, was wirklich ist, statt in Fantasiewelten gefangen zu sein.

Achtsamkeit schärft zudem die Sinne. Sie hilft uns, die Schönheit in alltäglichen Dingen bewusster wahrzunehmen und zu schätzen. Dadurch haben wir mehr Ressourcen, um auch mit den unangenehmen Seiten des Lebens umzugehen.

Wir können lernen, negative Gedanken und Selbstvorwürfe loszulassen. Das erlaubt uns, Scham und Selbstkritik zu überwinden. Mit Achtsamkeitstechniken, die sich auf Selbstmitgefühl beziehen, können wir lernen, auf gesunde Weise zu entspannen und herausfordernde Emotionen zu bewältigen, statt zu vermeiden.

5 praktische Übungen, um Emotionen zu erkunden

Gerade sehr rational denkende Menschen können Schwierigkeiten damit haben, ihre Emotionen zu benennen. Das Erkennen und der adäquate Umgang damit muss erlernt und geübt werden. Oftmals ist den Betroffenen vom Verstand her klar, was eine bestimmte Situation mit ihnen macht. Sie ahnen, was sie auslöst und wie der ideale Umgang mit einer solchen Situation wäre. Von ihrem eigenen Gefühl sind sie allerdings weit entfernt.

Die Achtsamkeit bietet viele Möglichkeiten, die eigene Emotionswelt zu erforschen und sich der gesamten Gefühlspalette zu nähern.

Beobachtung aus der Ferne

Manche Emotionen sind für uns so negativ besetzt, dass wir sie am liebsten ignorieren. Meist hat das mit unserer Erziehung zu tun. Auch die sozialen Vorgaben der Gesellschaft, in der wir aufgewachsen sind, können eine Rolle spielen. So wird zum Beispiel Frauen die Emotion Wut weniger zugestanden als Männern. Männern hingegen wird Angst weniger zugebilligt als Frauen. Dadurch ist für die jeweilige Gruppe der Umgang mit diesem Gefühl oftmals sehr schwierig: Zum einen fehlen Erfahrungswerte und Vorbilder, zum anderen besteht die Überzeugung, dass das Gefühl gar nicht gefühlt werden darf. In solchen Fällen kann es hilfreich sein, sich dem Gefühl aus sicherer Entfernung zuzuwenden.

Stellen Sie sich vor, dass Ihre Wut (oder das jeweilige Gefühl, das Sie bearbeiten möchten) auf der anderen Seite eines großen Teichs ist. Dort kann es so sein, wie es eben ist. Zwischen Ihnen und diesem Gefühl ist das sichere Wasser. Sie stehen am gegenüberliegenden Ufer. Von hier aus haben Sie freie Sicht auf die Emotion. Wie zeigt sie sich? Welche Muster spielen sich ab? Wie würde sich die Emotion zeigen, wenn niemand da ist, der sie verbietet? Wann würde sie kommen?

Schauen Sie sich alles aus der sicheren Rolle der beobachtenden Person an. Versuchen Sie, nicht zu werten oder zu kommentieren. Lassen Sie aufkommen, was aufkommt. Sie müssen nur zuschauen.

Sie wissen, dass Emotionen nur Emotionen sind. Sie müssen diese nicht ausagieren, sondern haben durch die achtsame Pause immer eine Wahlmöglichkeit.

Wenn Sie mit der schwierigen Emotion auf diese Weise vertrauter werden, können Sie leichter damit umgehen. Sie haben dann die Chance, den Abstand zwischen sich und der Emotion immer geringer werden zu lassen. Auf diese Weise können Sie lernen, bisher negierte Emotionen in Ihr Emotionsspektrum zu integrieren. Von hier aus lässt sich ein souveräner Umgang damit erproben und finden.

Freude zelebrieren

Der achtsame Umgang mit Emotionen betrifft nicht nur die Arbeit mit negativ besetzten Emotionen. Er kann auch dazu genutzt werden, positiv besetzte Emotionen mehr auszukosten und achtsamer wahrzunehmen. Als Menschen neigen wir zum sogenannten Negativ-Bias. Damit ist gemeint, dass wir uns negative Dinge leichter merken und diese in unserer Erinnerung lebhafter abrufbar bleiben. Aus evolutionsbiologischer Sicht macht diese Konzentration auf potenziell Gefährliches Sinn: Wir können so verhindern, noch einmal in eine ähnlich riskante Situation zu kommen. Leider führt dieser Fokus auf das Negative im Alltag oft dazu, dass wir dem Traurigen, Erschreckenden oder Frustrierenden am meisten Raum geben. All die kleinen und großen Momente in unserem Leben, die uns Freude, Leichtigkeit, Harmonie, Frieden und Spaß bereiten, bekommen weniger Beachtung.

Gönnen Sie sich daher mindestens einmal am Tag einen kurzen Positivitätssnack. Nehmen Sie sich fünf Minuten Zeit und führen Sie sich genüsslich ein Erlebnis vor Augen, das Sie heute zum Lachen oder

Lächeln gebracht hat. Das kann etwas sehr Kleines sein, wie das Zwitschern eines Vogels oder das Lachen eines Kindes.

Erinnern Sie sich mit all Ihren Sinnen an dieses Erlebnis. Kosten Sie es wie eine leckere Praline. Lassen Sie sich den Geschmack der Freude auf der Zunge zergehen. Durch die bewusste Auseinandersetzung mit diesem erfreulichen Erlebnis tun Sie sich nicht nur im jetzigen Moment etwas Gutes. Es wird Ihre momentane Stimmung garantiert heben, aber auch Ihrem zukünftigen Ich nützen. Es ist nämlich sehr wahrscheinlich, dass Sie durch das bewusste Zelebrieren eines positiven Erlebnisses empfänglicher für diese Momente werden. So werden Sie wahrscheinlich auch in Zukunft stärker auf diese achten und nach ihnen Ausschau halten.

Der Emotions-Body-Scan

Herabhängende Schultern bei Niedergeschlagenheit oder ein tänzelnder Schritt bei Freude – Emotionen zeigen sich oft sehr deutlich in der Körpersprache und auch im körperlichen Wohlbefinden. Die Wechselwirkung zwischen Emotionen und Körper ist hinreichend bekannt. Sie wird daher in therapeutischen Ansätzen zur Verbesserung des Wohlbefindens genutzt.

Eine Technik, sich den eigenen Gefühlen zu nähern, ist ein Body-Scan, bei dem Sie den Fokus auf Ihre Emotionen legen. Sie können diesen ganz in Ruhe und ausführlich durchführen, wenn Sie Zeit und Raum dafür haben. Als Mini-Übung für den Alltag eignet sie sich jedoch auch. Dazu halten Sie einmal kurz inne und fahren gedanklich vom Kopf hinunter bis zu den Füßen. Beginnen Sie am Scheitel und gehen Sie über Ihre Stirn weiter hinunter. Fühlen Sie in den Zwischenraum zwischen den Augenbrauen, die Augen, die Nase, den Kiefer. Stellen Sie dabei fest, wo Sie Emotionen verorten und körperliche Reaktionen darauf wahrnehmen.

Haben Sie die Stirn gerunzelt? Ist der Kiefer fest aufeinandergepresst, weil Sie Wut unterdrücken? Sind die Schultern gelöst und weich, weil

Sie sich wohlfühlen? Gehen Sie einmal durch Ihren gesamten Körper hindurch und spüren Sie nur hin. Sie brauchen nichts zu verändern. Nehmen Sie einfach nur wahr. Oftmals wird sich durch dieses bewusste Spüren ohnehin eine leichte Entspannung einstellen.

Mittels dieses kurzen Scans können Sie immer mal wieder eine kleine Bestandsaufnahme machen. So merken Sie, wenn sich Spannung, Trauer oder eine andere Form von Belastung aufbaut. Bei Bedarf können Sie anschließend auf diese reagieren. So verhindern Sie, dass sich Gefühle aufstauen und irgendwann über Sie hereinbrechen. Geschieht dies, ist es wahrscheinlicher, dass diese Emotionen Ihre Wahrnehmung dominieren, sodass Ihr Handlungsspielraum eingeschränkt wird.

Stattdessen sorgen Sie durch einen regelmäßigen Scan dafür, dass Sie ein immer besseres Gespür für sich, Ihren Körper und Ihre Gefühlswelt bekommen. Sie können dann regulierend darauf einwirken, wenn es nötig ist.

Die 5-Schritte-Übung

Diese Übung bietet sich an, wenn Sie etwas Zeit haben und sich zurückziehen können. Es handelt sich um fünf Schritte der achtsamen Emotionsbewältigung.

Wenn Sie diese zunächst mit gut zu bewältigenden Emotionen durchgehen, können Sie sie bei Bedarf auch bei stärkeren oder überfordernden Emotionen einsetzen:

1. Machen Sie sich bewusst, welche Emotion Sie gerade wahrnehmen. Führen Sie sie richtig ins Bewusstsein. Wenn Sie möchten, können Sie sie auch benennen. Was fühlen Sie? Lassen Sie wirklich das in Ihr Bewusstsein treten, was da ist.

2. Dies können Sie mithilfe des zweiten Schrittes üben, dem Anerkennen von dem, was ist. Oftmals verbieten wir uns be-

wusst oder unbewusst emotionale Reaktionen. Wir denken, wir dürften bestimmte Dinge nicht fühlen. Wir wollen über Kränkungen stehen. Wir erwarten von uns, nicht verletzt, ängstlich, neidisch oder missgünstig zu sein. Ihre Emotion ist aber da. Indem Sie diese anerkennen, sparen Sie wertvolle Kraft. Wenn Sie gegen etwas ankämpfen, was ohnehin schon da ist, wäre dies nicht nur sehr erschöpfend, sondern auch wenig zielführend. Emotionen bahnen sich dann meist auf andere Weise einen Weg. Achtung: Dies bedeutet nicht, dass Sie sich ziellos von Ihren Gefühlen übermannen und leiten lassen sollen. Nur weil Sie etwas fühlen, müssen Sie dieses Gefühl nicht ausagieren. Sie können einfach beobachten. Sie müssen weder bewerten noch anderweitig kommentieren oder reagieren.

3. Indem Sie die beobachtende und neutrale Position einnehmen, bekommen Sie einen gewissen Abstand zu Ihrem Gefühlsleben. Sie können die aufsteigenden Emotionen als Gäste betrachten, die kommen und gehen. Auf diese Weise verharren Sie nicht in einer Emotion. Sie sind stattdessen offen für jeden neuen Moment, der sich Ihnen bietet, und können diesen mit einem frischen Geist erfahren.

4. Auch wenn Sie probieren, eine neutrale und beobachtende Position einzunehmen, werden Sie sicherlich merken, dass bestimmte Emotionen schwieriger zu verarbeiten sind als andere. Auch dies dürfen Sie anerkennen. Neben Ihrer Präsenz ist dabei das Selbstmitgefühl von besonderer Relevanz. Gehen Sie behutsam und wertschätzend mit sich um. Verwenden Sie gerade im Selbstgespräch freundliche Worte. Geeignet sind Formulierungen, die Sie auch einem Kind oder einer guten Freundin in einer ähnlichen Gemütsverfassung schenken würden.

5. Die ersten vier Schritte schenken Ihnen nicht nur einen achtsameren Umgang mit Ihrem aktuellen Gefühl, sondern sor-

gen auch für eine Verzögerung. Diese unterbricht gezielt das Reiz-Reaktions-Schema. So können impulsive Handlungen vermieden werden. Sie bekommen die Chance, wirklich selbst zu entscheiden, wie Sie reagieren möchten, statt im Affekt zu handeln. Wie fühlt sich das an? Welche Möglichkeiten ergeben sich für Sie daraus?

Schließen Sie Ihre Übung mit ein paar bewussten Atemzügen ab. Führen Sie die fünf Schritte immer wieder durch, wenn sich Ihnen die Möglichkeit bietet. Je öfter Sie sie üben, desto leichter können Sie sie auch dann einsetzen, wenn es für Sie emotional sehr brisant wird.

Das Knäuel entwirren

Manchmal ist eine Emotion besonders stark spürbar. Es kann aber auch sein, dass sich Ihnen ein komplettes Knäuel an verschiedenen Gefühlen präsentiert. Dann ist es nicht immer so einfach, überhaupt zu wissen, was man fühlt. Erlauben Sie sich in diesen Momenten einen Moment der achtsamen Pause. Atmen Sie tief ein und aus und beobachten Sie, was sich in Ihnen abspielt. Sie müssen noch nichts benennen, sondern können einfach nur wahrnehmen.

Es kann gut sein, dass Ihnen bei längerer Beobachtung klar wird, dass ein scheinbar vorherrschendes Gefühl ein anderes überdeckt oder sogar widersprüchliche Gefühle präsent sind. Dies alles darf sein und gehört zum bunten Gefühlsleben eines jeden Menschen dazu. Erinnern Sie sich: Achtsam sein ist zu wissen, was geschieht, während es geschieht, und dies ohne Präferenz. Erlauben Sie sich den wunderbaren Luxus, eine Minute nicht reagieren zu müssen. Freuen Sie sich daran, einfach nur mit detektivischem Spürsinn herauszufinden, was das dicke Emotionsknäuel für Sie bereithält: wie sich das Ganze anfühlt, welche Muster sich abspielen und welche Emotionen häufig miteinander einhergehen. So lernen Sie sich viel besser kennen und können in Zukunft leichter für Ihr Wohlbefinden sorgen.

5 Atem-Übungen zur emotionalen Regulation

„Ruhe im Innern, Ruhe im Äußern.
Wieder Atem holen lernen, das ist es."
Christian Morgenstern

Wie Sie bereits wissen, sind Emotionen und Atemrhythmus eng miteinander verknüpft und können sich wechselseitig bedingen. Während wir unter Stress zu einer flachen, hektischen und ungleichmäßigen Atmung neigen, können wir durch eine gleichmäßige, tiefe und regelmäßige Atmung dafür sorgen, dass unser Stressniveau sinkt. Somit können wir gleichermaßen Spannungen lösen als auch Energie aufnehmen. Bereits durch kleine Atempausen ermöglichen wir uns, Belastendes loszulassen. Dies ist nicht nur im tatsächlichen Sinne gemeint – immerhin stoßen wir beim Ausatmen verbrauchte Luft aus, die alles enthält, was wir nicht mehr benötigen. Wir können das Ausatmen auch als Möglichkeit sehen, seelischen Ballast loszulassen.

Ein- und Ausatmung angleichen

Eine sehr simple Methode, einen aufgeregten Atemrhythmus und Geist zu beruhigen, ist die Angleichung der Ein- und Ausatmung. Sie benötigen dafür keine spezielle Haltung und können dies auch im Büro oder in der Bahn ausprobieren. Sehr förderlich ist es allerdings, wenn Sie Ihren Oberkörper aufrichten können, sodass der Atem frei fließen kann.

Beginnen Sie damit, sich auf den Atem zu konzentrieren. Wo können Sie ihn fühlen? Vielleicht an der Nasenspitze oder an der Oberlippe? Wenn Sie sehr aufgeregt sind, bemerken Sie vielleicht auch, wie Sie beim Atmen die Schultern anheben? Beginnen Sie nun damit, Ihren Atem gedanklich zu begleiten, indem Sie beim Einatmen von eins bis vier zählen. Beim Ausatmen zählen Sie ebenfalls von eins bis vier. Versuchen Sie auf diese Weise, Ein- und Ausatmung aneinander anzupassen und in einen gleichmäßigen Rhythmus zu bringen. Sie können sich den Atemrhythmus wie sanft auf das Ufer zu- und wieder fortrollende Wellen vorstellen.

Weiter brauchen Sie Ihren Atem nicht zu verändern. Versuchen Sie einfach nur, Ein- und Ausatmung aneinander anzugleichen und diesen gleichmäßigen Rhythmus immer beständiger fortzuführen. Lassen Sie sich von dieser Gleichmäßigkeit hin und her wiegen und Ihren Körper auf diese Weise langsam entspannen. Der Körper folgt dem Atem, der Geist folgt dem Körper.

Die Ausatmung verlängern

Eine lange und tiefe Ausatmung signalisiert dem Körper, dass er einen ruhigen Entspannungszustand einnehmen darf. Der Herzschlag beruhigt sich, der Organismus kann in einen gemächlichen Zustand übergehen.

Atmen wir hingegen sehr hektisch, kann es sein, dass wir sehr viel Sauerstoff aufnehmen, den wir nicht abgeben können. Im stärksten Fall kommt es zu einer Hyperventilation, bei der übermäßig viel Kohlendioxid ausgeatmet und Sauerstoff aufgenommen wird. Schwindel und sogar Ohnmacht können die Folge sein.

Eine bewusste und tiefe Ausatmung, die deutlich länger als die Einatmungsphase ist, verhindert dies. Zudem führt sie dazu, dass sich die Lungen vollständig entleeren und dadurch bei der nächsten Einatmung wieder mehr Sauerstoff aufnehmen können. Dies führt zu einer verbesserten Versorgung des Organismus mit Sauerstoff. Somit kann es auch dabei helfen, sich frischer, belebter und klarer zu fühlen.

Zudem signalisiert die tiefere Ausatmung dem Körper, dass er sich beruhigen und erholen darf. Ähnlich wie beim Nachtschlaf kommt es auf diese Weise zu einer Herabsenkung von anregenden Körperprozessen. Es wird der Parasympathikus aktiviert, ein Teil des vegetativen Nervensystems, der für Entspannung und Erholung zuständig ist. Dafür ist eine tiefe Atmung im Zwerchfell und Magenbereich notwendig. Nur wenn Sie gut und vollständig ausatmen, können Sie wieder tief in den Bauch atmen und die beruhigende Wirkung erfahren.

Achtung! Wenn Sie schon lange sehr flach atmen und in der Bauchregion aufgrund von Stress oder anderen Ursachen angespannt sind, kann es einiges an Übung erfordern, wieder tief ein- und auszuatmen.

Beginnen Sie damit, Ihre Ausatmung bewusst zu verlängern. Dies können Sie beispielsweise durch Zählen unterstützen. Empfohlen wird etwa die 4-7-11-Atmung. Sie atmen für vier Sekunden ein, für sieben Sekunden aus und wiederholen dies elfmal.

Geben Sie Ihren Lungen und Atemhilfsmuskeln Zeit, sich an die neuere und tiefere Atmung zu gewöhnen.

Die Dehnatmung

Diese Atemübung erfordert etwas Raum: Legen Sie sich eine Yogamatte zurecht oder verwenden Sie Ihre Matratze. Legen Sie sich auf den Rücken und strecken Sie Arme und Beine weit vom Körper weg, ähnlich wie ein Seestern. Die Füße fallen entspannt auseinander, die Handflächen zeigen nach oben. Schließen Sie jetzt die Augen und konzentrieren Sie sich ganz auf eine entspannte Atmung durch die Nase. Beginnen Sie nun, bei jeder Einatmung die Dehnung zu verstärken, indem Sie die linke Ferse und die rechte Hand vom Rumpf wegstrecken. Bei jeder Ausatmung lassen Sie locker.

Achtung: Die Gliedmaßen bleiben dabei auf dem Boden! Stellen Sie sich vor, dass Sie in die Länge wachsen. Auf diese Weise kommen Weite und Länge in die Brust und Flanken. So kann es Ihnen leichterfallen, Ihre Atmung zu vertiefen. Nach einigen Wiederholungen machen Sie das Gleiche mit der rechten Ferse und der linken Hand. Spüren Sie einen Moment nach und richten Sie sich entspannt wieder auf.

Schlürfatmung

Diese Übung ist vielleicht eher nicht für die Öffentlichkeit geeignet, aber dadurch nicht weniger effektiv. Atmen Sie die Luft schlürfend durch den Mund ein. Pusten Sie diese dann langsam und geräuschvoll durch ein kleines Loch zwischen den gespitzten Lippen wieder hinaus. So verlangsamen und intensivieren Sie die Atmung, was beruhigend wirken kann.

Atmung mit Botschaft

Gerade bei Angst oder Panik kann es schwerfallen, eine bewusste und beruhigende Atempraxis durchzuführen. Sollte es Ihnen nicht gelingen, eine der übrigen Übungen durchzuführen, versuchen Sie es doch einmal mit der klingenden Ausatmung.

Atmen Sie ein und kombinieren Sie Ihre Ausatmung mit einem Wort oder Ton. Dieser sollte für Sie eine positive oder beruhigende Wirkung haben. Sie können zum Beispiel das Wort „Ruhe" bei jeder Ausatmung intonieren.

3 Übungen für mehr Selbstakzeptanz und Liebe

Es wurde bereits angesprochen: Die Wortwahl, die wir für unseren Selbstdialog treffen, sollte achtsam und wertschätzend sein. Leider greifen auch hier oft Impulse, Gewohnheiten und übernommene Muster. Diese sind oft weniger freundlich und wertschätzend. Zudem sind sie uns so vertraut, dass wir sie gar nicht hinterfragen.

Probieren Sie einmal die drei Übungen für mehr Selbstakzeptanz und Liebe in Ihren Selbstgesprächen und beobachten Sie, wie sich Ihr Befinden verändert.

Wortdiät – Superlative und Absolutismus vermeiden

„Das war der schlimmste Tag, den ich jemals erlebt habe!" „Das sind die krassesten Kopfschmerzen." „Es sind bestimmt alle unfreundlich." Unser innerer Dialog ist oftmals geprägt von Superlativen und Verallgemeinerungen. Diese bilden gar nicht unbedingt die Realität ab. Sie formen aber unseren Blick darauf. Versuchen Sie, einen Tag auf diese Extreme in Ihrer Sprache zu verzichten. Wie verändert sich der Zahnarztbesuch, wenn es plötzlich nicht die schlimmsten Schmerzen der Welt sind? Wird der Elternabend erträglicher, wenn Sie innerlich nicht alle Anwesenden als unfreundlich betrachten? Können Sie offener werden und dem Anfängergeist wieder mehr Raum geben? Probieren Sie es aus!

Wertschätzung in jedem Wort

Gerade wenn Sie sehr rational oder streng erzogen worden sind, mag es Ihnen ungewohnt oder sogar albern vorkommen, aber geben Sie dem nächsten Tipp eine Chance: Probieren Sie, einen Tag oder vielleicht nur eine Stunde lang ausschließlich wertschätzend mit sich selbst zu kommunizieren. Achten Sie stetig auf Ihre Wortwahl. Wenn Sie in einen verletzenden oder unfreundlichen Tonfall zurückfallen, freuen Sie sich über den Moment der Achtsamkeit, in dem Ihnen der Rückfall auffällt. Dann wählen Sie bewusst wieder freundliche Ausdrücke.

Sprache als Streicheleinheit

Haben Sie Lieblingswörter? Gibt es Ausdrücke, die Sie positiv an Ihre Kindheit erinnern? Die Ihnen Sicherheit vermitteln? Die wie wahre Seelenschmeichler sind? Verwöhnen Sie sich damit. Hören Sie Ihre Lieblingsgedichte. Nutzen Sie Wörter, die Sie zum Lächeln bringen. Schreiben Sie sie auf und pinnen Sie sich die Zettel in Ihren Sichtbereich.

Sprache hat eine große Auswirkung auf das seelische Wohlbefinden. Nutzen Sie sie! So erweitern Sie Ihren Wortschatz um Ausdrücke, die Ihnen Freude machen. Sie haben wieder die bewusste Wahl, wenn Sie achtsam mit sich selbst sprechen.

2 Übungen, um mit unangenehmen Gefühlen umzugehen

Unangenehme Gefühle sind Bestandteil des Lebens. Wenn Sie wissen, dass Sie souverän damit umgehen können, verlieren diese aber zumindest einen Teil ihres Schreckens.

RAIN – Selbstmitgefühl-Praxis nach Kristin Neff

Intensive Gefühle können uns schnell überfordern und verunsichern. Wir begegnen ihnen mit Ablehnung, Wut oder Enttäuschung. Dies muss nicht nur negativ eingestufte Gefühle betreffen, manchmal haben wir auch Angst, angenehme Gefühle zu fühlen.

Eine achtsame Haltung der eigenen Emotionswelt gegenüber kann Sie dabei unterstützen, Ihre inneren Vorgänge zu verstehen, sie besser zu bewältigen und ihnen mit einer freundlichen Haltung zu begegnen. Dadurch, dass Sie Ihre Emotionen annehmen, ist es auch leichter, diese zu regulieren.

Die im Folgenden vorgestellte Meditation wurde vor allem durch Kristin Neff bekannt. Sie hilft dabei, Akzeptanz gegenüber den eigenen Emotionen zu entwickeln. Die Akzeptanz bezieht sich dabei auf die inneren Prozesse. Mit einer unvoreingenommenen Akzeptanz schaffen wir es, aus einer schambehafteten Position herauszutreten. Wir können Ablehnung in Mitgefühl und Verständnis verwandeln.

Die vier Stufen der Rainmeditation sind:

Recognize, also erkennen
Allow, also zulassen
Investigate, also erkunden und
Non-identify, also nicht damit identifizieren.

Nehmen Sie eine entspannte Haltung ein und atmen Sie einige Male tief ein und aus.

Als Erstes wenden wir uns dem zu, was gerade ist. Wir erkennen (Recognize), was uns beschäftigt, welche Gefühle in uns hochkommen. Wir erlauben (Allow) uns, alles hochkommen zu lassen, ohne zu reglementieren, zu bewerten oder zu negieren.

Als Nächstes erforschen (Investigate) wir, was das ist, was uns dort in unserem Inneren präsentiert wird. Dabei legen wir ein besonderes Augenmerk auf unsere Emotionen und unsere Gemütsverfassung. Vielleicht erkennen wir Muster? Wichtig ist hier der letzte Punkt, die Nicht-Identifikation. Wir sind nicht unsere Gefühle. Wir erkennen, dass diese Gefühle Teil unseres Lebens sind. Sie definieren jedoch nicht, wer wir sind. Sie sind zudem nicht dauerhaft, sondern unterliegen einem stetigen Wandel.

Für viele Leute ist es hilfreich, ihre Körperwahrnehmung als Ausgangspunkt für die Emotionsbetrachtung zu verwenden. Sie können ihre Gefühle über körperliche Signale besser wahrnehmen, etwa weiche Knie bei Angst oder einen Kloß im Hals bei Trauer. Von hier aus können sie sich ihren Emotionen nähern und dann den dahinterliegenden Gedanken.

Beenden Sie die Übung, indem Sie einige Male tief ein- und ausatmen und nachspüren. Wie geht es Ihnen jetzt?

Luftballon-Übung

Manchmal begleitet uns ein schweres Gefühl über einen langen Zeitraum. Hier kann es mitunter hilfreich sein, sich bewusst davon zu lösen. Auch wenn Sie akzeptieren, was ist, können Sie dennoch an Ihren Glaubens- und Verhaltensmustern arbeiten und nicht mehr dienliche Gewohnheiten durch dienliche ersetzen. Ein kleines Ritual kann das bewusste Loslassen unterstützen. Stellen Sie sich dabei vor, dass Sie das anhaftende Gefühl in einen Luftballon pusten. Er wird groß und rund und ist ganz mit dem Gefühl gefüllt. Jetzt lassen Sie die Schnur des Luftballons los und er steigt in den Himmel hinauf. Sie haben die Verbindung gelöst. Wie fühlt sich diese Vorstellung an?

Mittels der vorgestellten Achtsamkeitsübungen können Sie Ihre emotionale Balance verbessern. Ein souveräner Umgang auch mit negativ besetzten Gefühlen sorgt für mehr Ruhe und Ausgeglichenheit. Er schenkt Ihnen das beruhigende Gefühl, sich auch in einer Krise helfen zu können.

Gelassen im Job:
14 Achtsamkeitstechniken
für mehr Fokus und Klarheit

Dieses Kapitel lädt Sie dazu ein, neue Praktiken und Techniken auszuprobieren, um Ihren Arbeitsalltag achtsamer zu gestalten. Auch wenn Achtsamkeit in vielen Branchen mittlerweile als wichtiger Skill anerkannt ist, organisieren längst nicht alle Arbeitgeber entsprechende Fort- oder Weiterbildung für ihre Angestellten. Dies sollte Sie aber keinesfalls davon abhalten, auch im beruflichen Kontext auf die Kraft der Achtsamkeit zu setzen.

Vielleicht können Sie sogar Ihre Kolleginnen und Kollegen mit ins Boot holen. Schließlich strahlt die Kraft der Achtsamkeit weit in unser alltägliches Handeln hinein: Produktiv sein gelingt dadurch beispielsweise viel besser. Achtsamkeit schärft die Konzentration und verbessert die Zeitmanagement-Fähigkeiten, sodass Sie Ihre Aufgaben effizienter und produktiver erledigen können.

Durch das Bewusstsein, dass sie aktiv an ihrer eigenen Gesundheit und ihrem Wohlbefinden arbeiten, fühlen sich Achtsamkeits-Praktizierende oft selbstbewusster. Sie spüren ihre Selbstwirksamkeit und trauen sich daher auch im beruflichen Kontext, selbstbewusst aufzutreten. Sie wagen, in Eigenverantwortung zu agieren, was sie zu selbstständigen und wertvollen Mitarbeitern macht. Sie sind stressresilienter und können mit herausfordernden Situationen leichter umgehen. Zudem wissen sie um ihre Grenzen und können gut für sich sorgen. Dadurch wird ihre mentale und körperliche Gesundheit geschützt und sie können langfristig auf einem hohen Niveau arbeiten.

Eine geschulte Achtsamkeit kann darüber hinaus für eine verbesserte Kommunikation und höhere emotionale Intelligenz sorgen. Diese Skills verbessern nicht nur die Teamfähigkeit und die Atmosphäre am Arbeitsplatz, sondern erlauben auch einen schnelleren Zuwachs an Wissen: Die Praktizierenden können aufmerksam zuhören, klar beobachten und sind durch ihre Präsenz in der Lage, auch kleine Anregungen oder Informationen aufzunehmen.

Im Umgang mit anderen sind sie mitfühlend und aufmerksam, was Beziehungen vertiefen und stärken kann. Auch als Führungsperson profitieren Menschen von einer Achtsamkeitspraxis: Sie kann ihnen helfen, sich durch ihre Gelassenheit und Präsenz von anderen abzuheben und eine besondere Ausstrahlung zu entwickeln. Mitgefühl, ein neugieriger Anfängergeist, Offenheit für die Ideen anderer, eine wertschätzende Haltung und die Fähigkeit, sich nicht von Emotionen übermannen und manipulieren zu lassen, sind hier wichtige Skills. Diese machen sie zu vertrauenswürdigen und angenehmen Leadern, deren Nähe die anderen suchen. Dadurch, dass sie weniger Zeit und Kraft mit unnötigen Streitigkeiten, Tagträumen, dem Anhaften an Wunschgedanken oder zukünftigen Horrorszenarien vergeuden, können sie all ihre Energie fokussiert auf die Erreichung ihrer beruflichen Ziele ausrichten. Dies führt zu einer besseren Zeitnutzung und Prioritätensetzung, was ihnen wiederum mehr Freizeit und Erholungsphasen ermöglicht.

Achtung! Mitunter wird Achtsamkeit als Möglichkeit missbraucht, um die Verantwortung für bestehende Missstände auf die Beschäftigten auszulagern. Von diesen wird verlangt, dauerhaft auch mit den schrecklichsten Herausforderungen resilient umzugehen, sodass der eigentlichen Achtsamkeitspraxis mit ihrem starken Fokus auf Selbstmitgefühl ein wichtiger Pfeiler entzogen wird. Lassen Sie nicht zu, dass Achtsamkeit als

Deckmäntelchen für Ausbeutung oder andere Missstände missbraucht wird. Ja, Achtsamkeit kann dabei helfen, besser mit Stress umzugehen. Dies bedeutet allerdings nicht, dass veränderbare Stressoren bestehen bleiben sollten. Missstände dürfen weiterhin angesprochen und behoben werden. Ein vom Management organisierter Achtsamkeitskurs darf kein Ersatz für menschenunwürdige Arbeitsbedingungen sein.

In diesem Kapitel finden Sie Übungen, die Ihnen als kleine Pause im Arbeitsalltag neue Kraft schenken. Darüber hinaus bekommen Sie einige Anregungen, wie Sie präsenter und gelassener im Alltag bleiben können und Ihre Konzentration fördern. Auch wie Sie Ihr Stresslevel niedrig halten oder bei Bedarf herabsenken können, wird angesprochen. Nicht alle Übungen eignen sich für jeden Arbeitskontext und jede Branche. Bei Bedarf können Sie sie daher an Ihre Bedürfnisse adaptieren. Seien Sie kreativ und neugierig! Freuen Sie sich darauf, Ihr neues Wissen gewinnbringend für sich einzusetzen.

4 Übungen für mehr Energie im Arbeitsalltag

Es muss nicht immer die große Meditationssession sein – auch kleine Achtsamkeitsübungen können im Alltag dafür sorgen, dass wir uns wieder etwas erden und erholen. Dadurch, dass wir mit unserer Aufmerksamkeit voll und ganz im Moment bleiben, steigen wir aus dem Hamsterrad aus und geben uns die Chance, durchzuschnaufen. Die folgenden vier Übungen geben Ihnen wieder neue Kraft und erfrischen den Geist.

5-Sinne-Check bei einer Routinetätigkeit

Viele Berufe fordern vor allem den Kopf. Um diesem eine kleine Pause zu gönnen und wieder im eigenen Körper anzukommen, probieren Sie doch einmal diese Idee aus: Führen Sie eine Routinetätigkeit aus und konzentrieren Sie sich dabei nacheinander auf jeden Ihrer fünf Sinne. Wenn Sie beispielsweise eine E-Mail schreiben, achten Sie zuerst auf den Sehsinn. Was können Sie mit Ihren Augen wahrnehmen? Achten Sie auf Formen, Farben und Kontraste.

Gehen Sie dann weiter zum Hörsinn: Welche Geräusche macht die Tastatur? Gibt es ein leises Surren der elektrischen Geräte?

Wie verhält es sich mit Gerüchen? Nehmen Sie während dieser Tätigkeit irgendwelche Aromen in der Luft wahr?

Welchen Geschmack spüren Sie gerade auf Ihrer Zunge?

Und wie verhält es sich mit Ihrem Tastsinn? Wie fühlt sich die Maus unter Ihren Fingern an? Wie Ihr Sitzplatz?

Kommen Sie nach dieser kleinen Reise durch Ihre Sinneswelt wieder bei Ihrer Tätigkeit an und machen Sie erfrischt weiter.

Achtsamkeits-Walk im Grünen

Sowohl das Grün der Natur als auch Sauerstoff können belebend auf uns wirken. Statt in der Pause in der Cafeteria zu sitzen, verbringen Sie doch Ihre Mittagszeit in einem nahegelegenen Park. Wandeln Sie mit Blick auf das Grün durch die Anlage und nehmen Sie einfach wahr, was ist. Was fällt Ihnen auf? Können Sie Veränderungen in Ihrem Körper oder bei Ihrer Stimmung bemerken? Versuchen Sie, mit Ihrer Aufmerksamkeit wirklich allein bei Ihrem Spaziergang und Ihrer Umgebung zu bleiben. Schleichen sich Gedanken an anstehende Termine oder auszuführende Arbeiten ein, führen Sie Ihre Gedanken sanft, aber bestimmt wieder in das Hier und Jetzt zurück. Tanken Sie ganz bewusst Sauerstoff und Naturerfahrungen und kehren Sie danach erholt wieder an Ihren Arbeitsplatz zurück.

Mit beiden Beinen auf dem Boden erden

Diese Übung aus der Körpertherapie ist wunderbar geeignet, um sich selbst wieder die nötige Standfestigkeit zu geben, wenn Energie, Motivation oder Mut nachzulassen drohen. Suchen Sie sich einen ungestörten Ort und nehmen Sie folgenden Stand ein: Die Füße befinden sich mehr als hüftbreit auseinander, die Knie sind leicht gebeugt und die Hände stützen Sie auf Ihren Hüften ab.

Richten Sie Ihren Oberkörper stolz auf. Der Kopf ist in Verlängerung der Wirbelsäule, der Blick geht nach vorn, eventuell ganz leicht nach oben. Die gesamte Haltung signalisiert Ihrem Organismus Standfestigkeit, Stärke und Präsenz. Atmen Sie einige Male tief ein und aus. Spüren Sie, wie die Veränderung Ihrer Haltung sich auch auf Ihre Stimmung auswirken kann. Lassen Sie die Kraft strömen. Wenn Sie eine Extraportion Power nötig haben, reißen Sie die Hände wie zum Siegesjubel in die Luft. Schaut keiner zu, können Sie auch ruhig ein-, zweimal in die Luft boxen oder einen kleinen Hüpfer machen. Wie fühlen Sie sich danach?

Achtsame Mini-Pausen

Obwohl die regelmäßige lange Achtsamkeitspraxis sehr wichtig und grundlegend ist, sollten Sie nicht die Wirkung von kurzen Achtsamkeitsmomenten unterschätzen.

Im Allgemeinen wird bei einer normalen Arbeitsbelastung davon ausgegangen, dass spätestens nach einer Stunde die Konzentration und somit auch die Effektivität und Arbeitsleistung nachlässt. Regelmäßige kleine Pausen halten Sie daher im Grunde gar nicht auf, sondern sorgen dafür, dass Sie zu Ihrer alten Leistungsfähigkeit zurückfinden. Bauen Sie daher spätestens alle 60 Minuten einen kleinen Moment der Achtsamkeit ein. Am einfachsten und unauffälligsten geht dies, wenn Sie sich kurz auf Ihren Atem besinnen. Viele Menschen neigen dazu, bei Anspannung und Stress automatisch flacher zu atmen und primär die Brustatmung zu benutzen. Gehen Sie daher bewusst als Gegenmaßnahme in die Bauchatmung. Schenken Sie sich für einige Minuten eine regelrechte Sauerstoffdusche.

Im Idealfall können Sie auch ein wenig Bewegung einbauen. Stehen Sie beispielsweise einmal kurz von Ihrem Platz auf. Wenn dies nicht geht, dehnen Sie sich kurz. Vertiefen Sie somit die Bauchatmung noch mehr. Auf diese Weise erfrischen Sie nicht nur Ihren Körper, sondern auch Ihren Geist. So sind Sie anschließend wieder wacher und leistungsfähiger.

5 Konzentrationstechniken für mehr Präsenz und Gelassenheit

Durch die Beherrschung neuer Achtsamkeitstechniken und die Verbesserung Ihres Wohlbefindens können Sie mentale Blockaden lösen und emotionale Herausforderungen bewältigen. Dadurch können Sie auch Ihre Konzentrationsfähigkeit verbessern. Zum einen hilft die Fokussierung auf das Jetzt während der Achtsamkeitspraxis dabei, Ihre Gedanken beisammenzuhalten und inneres Abschweifen immer schneller zu bemerken. Zum anderen nutzen Sie Ihre Ressourcen wirklich nur für die Dinge, die Ihnen wichtig sind. Multitasking, bei dem Sie sich verzetteln, unnötige Flüchtigkeitsfehler und falsch ausgeführte Arbeitsschritte aufgrund von Fehlkommunikation können so vermieden werden.

Anfängergeist entwickeln

Wenn wir glauben, dass wir etwas in- und auswendig kennen, verliert dies mitunter nicht nur seinen Reiz, sondern auch unsere Andacht und Aufmerksamkeit. Stellen Sie sich daher gerade bei Routinetätigkeiten einmal vor, Sie würden die Tätigkeit das erste Mal ausführen. Auf diese Weise haben Sie die Chance, ergebnisoffen an die Sache heranzugehen. Das kindliche Interesse – vielleicht sogar verbunden mit einer neuen Lust am Ausprobieren ungewöhnlicher Vorgehensweisen – gestattet innovative Handlungen und fördert auch das Entwickeln kreativer Lösungen. Zudem kann es sein, dass Sie interessante und unerwartete Erfahrungen machen werden. Oftmals glauben wir zu wissen, was geschehen wird, und verlieren uns dadurch in der sogenannten selbsterfüllenden Prophezeiung. Wenn wir allerdings ergebnisoffen und neugierig an Dinge herangehen, lassen wir uns durch neue Impulse leiten und werden möglicherweise positiv überrascht. Zudem fällt es so leichter, die Konzentration und den Fokus auf die Handlung aufrechtzuerhalten, da die Tätigkeit für den Geist wieder spannend wird.

Dem Autopilot-Modus entkommen

Routinearbeiten gehören für die meisten Arbeitnehmer zum täglichen Arbeitsspektrum dazu. Routinen erleichtern unseren Alltag, da wir für sie keine wertvollen kognitiven Fähigkeiten aufwenden müssen. Sie senken so das Maß an zu treffenden Entscheidungen deutlich. Dadurch wird die Gefahr der Entscheidungsmüdigkeit minimiert. Zudem schenken sie uns Sicherheit, da sie den Tag mit all seinen unvorhersehbaren Ereignissen bis zu einem gewissen Grad strukturieren und vorhersehbarer machen können. Als Relikt der frühesten Jahre der Menschheit bedeutet Unvorhersehbares für uns auch heute noch Stress und emotionale Belastung. Routinen können hier für eine deutliche Erleichterung sorgen.

Jedoch muss dabei berücksichtigt werden, dass routiniertes Handeln auch gewisse Risiken birgt: Der Umstand, dass Menschen, die eine Handlung routiniert ausführen, bei dieser weniger aufmerksam sind, kann zum einen dazu führen, dass sie mögliche Risiken schlechter wahrnehmen. Zum anderen kann es sein, dass sie die Tätigkeit weniger bewusst ausführen und damit anfälliger für Fehler werden.

Gerade im Bereich der Arbeitssicherheit wird daher vorgeschlagen, Handlungsabläufe, die routiniert ausgeführt werden, durch kleine Änderungen immer wieder spannend für das Gehirn zu halten. Durch diese Maßnahme können Sie die Entlastung der Routinen nutzen, schaffen aber genügend neue Anreize, um eine Steigerung von Fehlern oder eine verzerrte Risikowahrnehmung zu vermeiden. Schon sehr kleine Veränderungen, wie das Wählen eines anderen Arbeitsweges, eines neuen Sitzplatzes, einer anderen Schreibtischunterlage oder eines anderen Schreibgeräts, können hier den entscheidenden Impuls geben. Sorgen Sie also immer wieder für kleine Änderungen, um Ihren Geist für die Tätigkeiten zu interessieren. Greifen Sie hier auf den für die Achtsamkeitspraxis so hilfreichen Anfängergeist zurück. Führen Sie Ihre Handlungen bewusst aus, auch wenn es sich um routinierte Abläufe handelt, sodass das nötige Maß an Aufmerksamkeit für die jeweilige Aktivität vorhanden ist, ohne sich geistig zu überfordern.

Ein weiterer Pluspunkt des Verlassens des Autopilot-Modus ist der, dass Sie Ihr Leben in all seiner Fülle erleben können. Agieren Sie automatisch und arbeiten Sie wie in Trance all Ihre Tätigkeiten ab, werden Sie kaum wahrnehmen, was in Ihnen und um Sie herum geschieht. Schenken Sie den Tätigkeiten allerdings etwas Achtsamkeit und Aufmerksamkeit, dann kann es Ihnen gelingen, auch bei den routiniertesten oder nebensächlichsten Handgriffen interessante Beobachtungen oder Erfahrungen zu machen. So verhindern Sie, dass Sie nur von Wochenende zu Wochenende leben und den Alltag nur als abzusitzende Zeit wahrnehmen, an die Sie keinerlei wirkliche Erinnerung haben. Stattdessen schaffen Sie mit diesem wachen Bewusstsein einen frischen Zugang zum Alltäglichen. Sie ermöglichen sich, die Schönheit der kleinen Dinge zu sehen. Zudem sind Sie offener für mögliche Überraschungen. Auch können Sie entspannter mit unerwarteten Ereignissen umgehen. Besonders verlockend: Es ist so auch leichter, etwaige Chancen zu ergreifen, da Sie nicht in einem ewig gleichen Trott gefangen sind, sondern Ihre Antennen auf Interessantes und Neues ausgerichtet haben.

Pausen für bewusstes Agieren

Achtsamkeit befähigt zum bewussten Handeln. Dies bedeutet nicht, dass Sie frei sind von äußeren und inneren Regungen, aber Sie haben die Möglichkeit, das Reiz-Reaktions-Schema für einen kurzen Moment zu unterbrechen und zu überlegen, welche Handlung in diesem Moment wirklich am besten für Sie ist. Statt wie aus der Pistole geschossen auf eine vermeintliche Kränkung mit einer scharfen Retourkutsche zu reagieren oder den restlichen Arbeitsalltag mit starken Frustgefühlen zu bestreiten, weil am Morgen etwas schiefgegangen ist, können Sie sich bewusst gegen diese Reaktionen entscheiden. Sie können stattdessen versuchen, klügere Handlungsalternativen zu etablieren. Zum einen sorgen Sie dadurch für mehr Handlungsoptionen, durch die Ihr Reaktionsrepertoire erweitert und optimiert wird. Zum anderen erleben Sie sich als aktive Person, die mit Krisen fertig werden kann und negativen Emotionen oder Ereignissen nicht machtlos ausgeliefert ist.

Als einfachste Technik bei dem Bestreben, das Reiz-Reaktions-Schema zu verändern, fungiert die Verzögerung. Natürlich besteht in einem eng getakteten Tagesablauf nicht immer die Möglichkeit, sich zurückzuziehen, emotional zu beruhigen und mögliche Handlungsalternativen zu überdenken. Dies ist aber gar nicht notwendig. Oftmals reichen schon wenige Augenblicke, um aus dem Reiz-Reaktions-Schema auszusteigen. Damit können Sie sich ein winziges Zeitfenster schaffen, in dem Sie bewusst eine Handlung wählen. Sie schaffen so die Voraussetzung für produktivere und entspanntere Reaktionen, die Ihnen zu mehr Energie, Achtsamkeit und Erfolg bei Ihren Tätigkeiten verhelfen.

Im Folgenden finden Sie eine Liste möglicher Strategien, um aus dem Reiz-Reaktions-Schema auszusteigen und eine Verzögerung Ihrer Reaktion zu erzielen. Diese lassen sich problemlos unauffällig in den Arbeitsalltag einbauen und sind zur sofortigen Umsetzung geeignet:

- innerlich bis fünf oder zehn zählen
- fünf oder zehn bewusste Atemzüge nehmen
- drei Schlucke eines Getränks nehmen
- die Hände eincremen und sich dabei kurz selbst spüren und halten
- Ihre Position verändern, also vom Sitz in den Stand gehen oder vom Stand in den Sitz
- eine körperliche Tätigkeit durchführen, wie etwa das Fenster öffnen oder die Beleuchtung optimieren
- bei großer Anspannung: zur Toilette gehen und
  - kaltes Wasser über die Handgelenke fließen lassen
  - die Frisur richten und dabei einige Sekunden lang eine sanfte Kopfmassage durchführen
  - ulkige Grimassen vor dem Spiegel ziehen und dadurch nicht nur den Körper, sondern auch den Geist entspannen.

Ablenkungen minimieren

Die moderne Arbeitswelt ist von einem hohen Tempo, stetigem Informationszuwachs und Vernetzung geprägt. Damit all dies nicht zu einer regelrechten Reizüberflutung führt, kann es sinnvoll sein, sich hin und wieder bewusst auszuklinken. Überlegen Sie, welche Benachrichtigungen, Geräuschquellen und andere potenzielle Störfaktoren Sie ausschalten können.

Neben kurzweiligen Pausen kann auch eine Optimierung des Arbeitsplatzes eine sinnvolle Strategie sein, um von vornherein eine Atmosphäre des konzentrierten Arbeitens zu ermöglichen. Möglicherweise lohnt sich hier ein Gespräch mit Ihren Vorgesetzten oder Kollegen bezüglich der Gestaltung einer reizarmen und achtsamkeitsfördernden Umgebung? Manchmal kann es ganz einfach sein: Vielleicht kann die flackernde Lampe ausgetauscht oder die Dauerberieselung durch Musik abgeschaltet werden?

Sorgen Sie für die idealen Bedingungen, um sich wirklich gut fokussieren zu können – sowohl auf Ihre Arbeit als auch auf Ihre Regeneration in Ihren Pausen. Machen Sie mehrmals pro Tag einen Umgebungscheck. Wie wirkt Ihr Umfeld auf Ihr Befinden und Ihre Konzentrationsfähigkeit? Hätten Sie es gerne ordentlicher oder Ihren Arbeitsplatz anders organisiert? Greifen Sie hier ruhig auch auf den Anfängergeist zurück. Oftmals vergessen wir, dass wir Dinge ändern können, und nehmen Sie einfach hin. Der Anfängergeist hilft uns, mit neuem Blick auf die eigene Arbeitsstelle zu schauen.

Wenn Sie sich gut mit Ihren Kollegen verstehen, kann auch das Etablieren eines gemeinsamen Rundgangs eine gute Idee sein, um gemeinsam einen angenehmen Arbeitsplatz zu schaffen. Auf diese Weise signalisieren Sie nicht nur Achtsamkeit und Mitgefühl gegenüber sich selbst, sondern auch Ihren Kollegen gegenüber. Dies kann sich positiv auf rücksichtsvolles Verhalten untereinander auswirken, sodass eine konzentrierte Arbeitsatmosphäre zusätzlich gefördert wird.

Achtsamer Umgang mit Ihrem Körper

Gerade in den Berufen, in denen Menschen vor allem geistig hart arbeiten, kann es schwerfallen, auch körperliche Signale wahrzunehmen. Genauso, wie Sie einen Umgebungscheck machen, dürfen Sie auch Ihrem Körper eine achtsame Haltung entgegenbringen.

Probieren Sie doch einmal aus, wie es ist, wenn Sie zu festgelegten Zeiten einen kleinen Körpercheck machen. Das kann in Form eines Blitz-Body-Scans geschehen, bei dem Sie einmal gedanklich durch Ihren Körper wandern und feststellen, wie dieser sich fühlt. Versuchen Sie dabei wieder, eine wertungsfreie Haltung zu etablieren. Vorwürfe wie „Na toll, jetzt habe ich schon wieder Nackenschmerzen, weil ich krumm gesessen habe!" oder „Bahnen sich da Kopfschmerzen an? Ich habe wieder viel zu wenig getrunken, ich Idiot!" sind hier weniger förderlich. Es geht allein darum, festzustellen, was ist. Nach dieser Bestandsaufnahme können Sie sich dann bewusst entschließen, wie Sie Ihrem Körper etwas Gutes tun. Sie geben sich somit die Möglichkeit, die besten Voraussetzungen zu schaffen, um produktiv und effektiv zu arbeiten.

Auch hier gilt: Oftmals sind es die kleinen Dinge, die große Veränderungen anstoßen. Vielleicht möchten Sie eine hübsche Trinkflasche direkt an Ihren Arbeitsplatz stellen, um sich daran zu erinnern, mehr zu trinken? Oder Sie bringen sich leckere Snacks mit, damit Sie nicht dem Fast Food der Teeküche verfallen, wenn sich das Nachmittagstief bei Ihrer Arbeit bemerkbar macht. Eine Pflanze für ein besseres Raumklima oder eine kuschelige Strickjacke können sich ebenfalls förderlich auf ein gutes Körpergefühl auswirken. Bleiben Sie offen für Veränderungen und fragen Sie sich wirklich jedes Mal mit neuem Blick, was Sie in diesem Moment brauchen, um sich so gut und leistungsfähig wie möglich zu fühlen.

5 einfache Achtsamkeitsstrategien für einen stressfreien Arbeitsalltag

Der moderne Arbeitsalltag ist geprägt von ständiger Weiterentwicklung, lebenslangem Lernen, dem Aushalten von Unsicherheiten und dem Arrangement mit einer großen Diversität am Arbeitsplatz. Hohe kognitive Anstrengung, in vielen Branchen wenig Bewegung, unsichere Bindungen, ein hoher Wettbewerb und Leistungsdruck prägen den Arbeitsalltag, was zu Ruhelosigkeit, negativem Stress und Belastungen für die psychische und physische Gesundheit führen kann.

Neben den tatsächlichen Belastungen sind Arbeitnehmer auch mit privaten Sorgen, Ängsten und negativen Emotionen sowie ihrer starken Reaktivität auf die Einflüsse von außen konfrontiert, inklusive schädlicher und längst überholter Glaubenssätze rund um Arbeit und Berufsleben. Der Mensch ist darauf ausgelegt, überleben zu wollen, und tatsächliche, aber auch vermeintliche Bedrohungen von außen führen zu starkem Stressempfinden. Aus dem evolutionsbedingt angelegten Überlebenskampf auszusteigen, bietet Ihnen die Chance, Ihr Tagesgeschäft mit mehr Gelassenheit und auf empathische Weise zu verrichten, sodass Sie zum einen Ihren Werten und Normen folgen und zum anderen weiterhin gut für sich selbst sorgen können. Mittels einfacher Achtsamkeitsstrategien können Sie sich selbst in die Lage versetzen, bewusst durch Ihren Arbeitsalltag zu gehen, und verhindern, sich von Emotionen übermannen zu lassen oder in Stress zu geraten, aufgrund der erwähnten vermeintlichen oder tatsächlichen Bedrohungen. Auf diese Weise bleiben Sie handlungsfähig und können Ihre Kompetenzen und Fähigkeiten vollständig für das Umsetzen Ihrer Ziele verwenden, statt wertvolle Energie auf Konkurrenzdenken, innere Ängste, Unsicherheiten oder andere negative Glaubenssätze zu verschwenden. Ein Zuwachs an Gelassenheit und Geduld erlaubt ein höheres Maß an Konzentration, wodurch Sie die Arbeitsbelastung besser bewältigen können.

Zudem kann ein achtsamer Umgang mit sich und anderen, der geprägt ist von Selbstmitgefühl und Mitgefühl mit dem Umfeld, dazu führen, dass Ihre Beziehungen mit Ihren Kollegen, Kunden, Vorgesetzten und anderen Menschen, die Ihnen im Alltag begegnen, harmonischer werden und dadurch zu Ihrem Wohlbefinden am Arbeitsplatz beitragen. Der Zuwachs an Ruhe und erlebter Selbstwirksamkeit wird darüber hinaus dazu führen, dass Sie sich mehr zutrauen und selbstbewusster in Ihrem Beruf tätig sein werden.

Hilfe statt Kritik – Blickwinkel ändern

Statt mit Widerwillen zu reagieren oder sich herabgesetzt oder minderwertig zu fühlen, wenn Ihnen von außen Hilfe angeboten wird, versuchen Sie, eine Position einzunehmen, bei der Sie sich über die Unterstützung freuen. Wie Sie bereits wissen, gehört zu einer umfassenden Achtsamkeitspraxis nicht nur die gerichtete Aufmerksamkeit und das Bewusstsein für den Moment, sondern auch das Mitgefühl und Selbstmitgefühl. Wer Selbstmitgefühl und Mitgefühl praktiziert, hat ein positives Menschenbild und kann somit leichter eine Perspektive einnehmen, bei der ein Verbesserungsvorschlag oder ein Hilfsangebot als unterstützend wahrgenommen wird.

Wenn Sie also das nächste Mal bemerken, dass sich Widerwille in Ihnen ausbreitet, versuchen Sie es mit dem inneren Satz (oder gerne auch laut ausgesprochen): „Vielen Dank, dass Sie sich die Zeit nehmen, mir dabei zu helfen, besser / erfolgreicher/ kompetenter / souveräner / sicherer zu werden und mich bei meiner Entwicklung unterstützen." Selbst wenn wir eine Tätigkeit schon tausendmal ausgeführt haben, kann es sein, dass eine andere Person uns einen entscheidenden Hinweis geben kann, wie sie uns noch leichter von der Hand geht oder wie wir den Handlungsablauf optimieren können. Mit dem Anfängergeist können Sie eine neugierige Haltung kultivieren, durch die Sie offen für Anregungen von außen sind. Dadurch besteht die Möglichkeit, Ihr Handlungsrepertoire stetig zu erweitern und die Welt immer wieder auf neue Weise zu erfahren, da Sie über Ihren eigenen Tellerrand hinausschauen und die Blickwinkel anderer Personen einnehmen können. So bekommen Sie übrigens auch Zugriff auf wertvolle Informationen, die Ihnen anderweitig verborgen bleiben würden.

Eine neue Fehlerkultur

Das Machen von Fehlern ist menschlich und untrennbar mit dem Erlernen neuer Fähigkeiten verbunden. Etablieren Sie daher eine achtsame und freundliche Fehlerkultur. Statt sich selbst zu verurteilen oder sich zu schämen, bemühen Sie sich um eine neutrale und beobachtende Position, wenn Ihnen ein Fehler unterläuft. Auf diese Weise sind Sie nicht nur besser dazu in der Lage, diesen zu erkennen und zu beheben, sondern Sie können auch leichter Kritik von außen annehmen und dadurch lernen. Berechtigte Kritik anzunehmen und sinnvoll umzusetzen, zählt zu den wertvollsten Soft Skills im Arbeitsalltag. Nicht zu vergessen ist hierbei auch das belebende Gefühl, etwas Schwieriges auf gute Weise bewältigt zu haben, was viel Stress aus dem Arbeitsalltag nehmen kann.

Ein weiterer Pluspunkt: Wenn Sie eine solche wertschätzende Fehlerkultur entwickeln, kann sich das auch positiv auf das Miteinander im Kollegenkreis auswirken. Wer weiß, dass Fehler und Scheitern menschlich sind und dies selten geschieht, um anderen absichtlich das Leben schwerzumachen, ist nachsichtiger mit seinen Mitmenschen, wenn diesen Fehler geschehen. So vermeiden Sie doppelt Stress: Wenn Ihnen Fehler passieren, werden Sie sich weniger dafür kritisieren, schämen oder verurteilen. Sie haben somit mehr Kraft, Ihre Fehler zu beheben und konstruktiv nach Lösungen zu suchen. Und wenn andere Menschen Fehler machen, werden Sie sich weniger darüber ärgern, sich weniger angegriffen oder provoziert fühlen, sondern können mitfühlender und lösungsorientierter agieren. Auf diese Weise schaffen Sie eine Atmosphäre des Vertrauens und der angenehmen Zusammenarbeit. Dies kann die Effektivität innerhalb des Teams noch weiter steigern und das allgemeine Stresslevel deutlich senken.

Toller Nebeneffekt: Die subjektiv empfundene Sicherheit ist einer der wichtigsten Aspekte für das Wohlfühlen am Arbeitsplatz. In einer sicheren Atmosphäre können sich Menschen besser konzentrieren und ihnen passieren weniger Fehler, wodurch ein positiver Kreislauf entsteht.

Gemeinsam achtsam – Verbündete suchen

Gemeinsam ist man stärker: Man kann sich gegenseitig an das Ziel erinnern und auf Fehlverhalten aufmerksam machen. Man kann sich gegenseitig motivieren und an Absprachen erinnern. Daher kann es sehr hilfreich sein, sich auch am Arbeitsplatz Verbündete zu suchen, die ebenfalls achtsamer arbeiten wollen.

Wenn Sie befürchten, dass eingeweihte Mitarbeiter nur Ihren persönlichen Fortschritt beobachten und dazu neigen, Sie zu bewerten, halten Sie Abstand. Es wird Ihnen selbst wahrscheinlich schon schwerfallen, aus den angelernten Mustern auszusteigen – da brauchen Sie keine Verunsicherung von außen. Haben Sie jedoch bei der Arbeit eine oder mehrere Vertrauenspersonen, können Sie das Projekt „Achtsamkeit" gemeinsam in Angriff nehmen und sich gegenseitig unterstützen. Stress ade!

Mit einem Ankerwort arbeiten

Wenn Sie regelmäßig formale Achtsamkeitstechniken trainieren, können Sie ein Ankerwort etablieren. Führen Sie zum Beispiel eine progressive Muskelentspannung durch, können Sie den angenehmen Zustand der Entspannung mit einem Signalwort in Verbindung bringen, etwa „loslassen" oder „relax". Etablieren Sie dieses Wort in einem sicheren und entspannten Setting, findet eine mentale Verknüpfung statt. Wenn Sie dann in stressigen Situationen oder an anderen Orten wie etwa dem Arbeitsplatz an dieses Signalwort denken, gelingt es Ihnen leichter, ohne große Umschweife in einen Zustand der Entspannung zu finden.

Wichtig dafür ist allerdings, dass Sie dieses Wort fest mit dem Zustand verknüpfen. Sie sollten es daher über einen längeren Zeitraum konsequent verwenden, um diese Verbindung zu stabilisieren. Erst wenn diese fest besteht, sollten Sie es auch in stressigen Situationen einsetzen. Denken Sie daran, die Verbindung immer wieder zu stärken, indem Sie das Signalwort fest in Ihre formale Praxis integrieren.

Atemtechniken to go

Erinnern Sie sich an die Atemtechniken aus dem zweiten Kapitel? Viele der darin vorgestellten Übungen eignen sich auch für einen kurzen Moment der Achtsamkeit und Ruhe am Arbeitsplatz. Die Techniken, die Sie lieber ungestört ausführen wollen, könnten Sie beispielsweise auf der Toilette oder an einem anderen zurückgezogenen Ort praktizieren. Oftmals reichen wenige Minuten, um das Nervensystem zu beruhigen und sich gedanklich neu auszurichten. Besonders effektiv, um in einen Zustand der Ausgeglichenheit zurückzufinden, ist beispielsweise die Wechselatmung.

Mit den vorgestellten Techniken können Sie von der Kraft der Achtsamkeit auch in Ihrem Arbeitsalltag profitieren und dadurch nicht nur Ihre eigene Arbeitsleistung steigern, sondern auch die Arbeitsatmosphäre und das Miteinander mit den Kollegen verbessern.

Ruhe finden:
12 Achtsamkeitsübungen für tiefe, erholsame Nächte

Achtsamkeit kann die Sinne schärfen und Ihnen dabei helfen, die Schönheit in alltäglichen Dingen bewusster wahrzunehmen und zu schätzen. Doch nicht nur der Tag als solcher gewinnt durch einen achtsamen Blick an Schönheit. Durch Achtsamkeit können Sie auch lernen, negative Gedanken und Selbstvorwürfe loszulassen und die daraus resultierende abendliche Unruhe zu überwinden.

Die Achtsamkeitstechniken können somit helfen, die psychische und körperliche Gesundheit so zu verbessern, dass Sie abends leichter Ruhe finden und erholsamer schlafen. Auch wenn die Praktiken nichts an der Realität ändern können, können sie doch dazu beitragen, bereits am Tag die geistige und körperliche Anspannung zu verringern. Somit schaffen sie bessere Grundvoraussetzungen für eine erholsame Nachtruhe. Daher bietet sich die Achtsamkeitspraxis gerade auch dann an, wenn Sie mit Einschlaf- oder Durchschlafstörungen kämpfen.

In diesem Kapitel finden Sie Anregungen für eine achtsame Abendgestaltung, mit der Sie sich auf eine wohlige Nachtruhe vorbereiten können. Entspannungsübungen für den Abend, um den stressigen Tag hinter sich zu lassen, und Ideen für Dankbarkeitsübungen erlauben Ihnen, mit mehr Frieden und Ruhe in die Nacht zu starten, um sich bestmöglich zu regenerieren.

4 einfache Einschlafrituale für ruhige Nächte

Routinen geben Ihnen Sicherheit und die Gewissheit, sich bestmöglich auf Ihren Nachtschlaf vorbereitet zu haben. Probieren Sie die vorgestellten Anregungen aus und kombinieren Sie sie gerne bei Bedarf.

Sanfte Bewegung für unruhige Momente

Wenn es Ihnen schwerfällt, Ihren Tag hinter sich zu lassen, und Sie bemerken, dass Sie noch voller Spannung sind, kann Bewegung eine wunderbare Möglichkeit sein, um zur Ruhe zu kommen. Anstrengende sportliche Aktivitäten erschweren allerdings das Einschlafen und verringern die Schlafqualität. Machen Sie es sich deshalb richtig gemütlich, dimmen Sie das Licht und setzen Sie sich aufs Bett oder Sofa. Bewegen Sie sich dann, während Sie bewusst ein- und ausatmen. Mit jeder Einatmung führen Sie eine Bewegung aus, mit jeder Ausatmung kehren Sie wieder in Ihre Ausgangsposition zurück. Bewegen Sie sich sehr langsam und bewusst und spüren Sie mit freundlichem Interesse in Ihren Körper hinein. Machen Sie genau die Bewegungen, auf die Sie in diesem Moment Lust haben. Es geht nicht um sportliche Leistung oder einen körperlichen Trainingserfolg, sondern allein um das Zusammenspiel von Atmung und Bewegung und das Ankommen im eigenen Körper.

Durch das spielerische Element der Bewegung und Ihre offene Haltung können Sie alles andere gedanklich in den Hintergrund treten lassen. Legen Sie sich zum Abschluss auf den Rücken, die Hände auf den Bauch, und atmen Sie tief ein und aus, um nachzuspüren. So durchbewegt und gelockert sind sicherlich große Teile der Anspannung des Tages gewichen, und Sie können sich genüsslich in Ihr weiches Bett kuscheln und auf eine erholsame Nachtruhe freuen.

Genuss für alle Sinne

Gestalten Sie sich einen Festabend für Ihre Sinne. Überlegen Sie einmal, welche Düfte, Aromen, Berührungen und Klänge Sie mit Entspannung, Erholung und Ruhe verbinden. Integrieren Sie dann all diese in Ihren heutigen Abend, um sich mit all Ihren Sinnen auf einen sanften Tagesausklang einzustimmen.

Wählen Sie ruhige Musik, Naturklänge oder vielleicht sogar ein Hörbuch mit einer Geschichte, die Sie als Kind gerne zum Einschlafen gehört haben. Düfte wie Lavendel, Vanille oder Ylang-Ylang sind echte Klassiker unter den einschlaffördernden Gerüchen. Lavendel gilt sogar als angstlösend und ist somit bestens geeignet, wenn Sie mit nervöser Unruhe kämpfen.

Vielleicht verbinden Sie auch mit dem Duft einer heißen Tasse Milch oder einem Kräutertee Entspannung und Ruhe? Hier können Sie Ihren Geschmackssinn zusätzlich ansprechen und mit feinen Aromen verwöhnen.

In puncto Tastsinn legen Sie sich weiche Decken und Kissen zurecht. Tragen Sie lockere Kleidung aus anschmiegsamen Stoffen. Wählen Sie indirektes und gemütliches gelbes Licht. Platzieren Sie sich so, dass Sie auf etwas Schönes schauen, das Sie ebenfalls mit Ruhe erfüllt.

Jetzt lassen Sie die wohltuende Umgebung mit all Ihren Sinnen auf sich wirken. Geben Sie sich ganz der Entspannung und dem beruhigenden Wissen hin, dass dieser Abend nur noch Ihrer körperlichen und geistigen Regeneration dient.

Abendlicher Ausklang mit der Natur

Durch elektronisches Licht und weitere Annehmlichkeiten der modernen Welt kann der Mensch mittlerweile weitestgehend unabhängig vom natürlichen Tag- und Nacht-Rhythmus leben. Probieren Sie jedoch einmal, sich einen Abend ganz auf den natürlichen Ablauf der Natur einzulassen: Reduzieren Sie elektronische Lichtquellen und nutzen Sie zum Abend hin nur gemütliches Stimmungslicht. Gehen Sie dann beim

Einsetzen der Dunkelheit nach draußen und lassen Sie die Magie der blauen Stunde auf sich wirken: Beim Übergang von Tag zur Nacht hören Sie ganz andere Geräusche als an den restlichen Stunden des Tages. Was nehmen Sie wahr?

Wie verändert sich die Temperatur? Wenn Sie möchten, können Sie einen kleinen Spaziergang machen oder alternativ einfach ein wenig im Garten oder auf dem Balkon stehen. Nehmen Sie Gerüche, Geräusche, den Wind und alles Weitere wahr. Je nach Jahreszeit werden Sie sicher große Unterschiede feststellen können. Welche Empfindungen tauchen in Ihnen auf? Setzt Ruhe ein? Beobachten Sie alles, ohne zu werten, und kehren Sie anschließend wieder in Ihre Wohnung zurück. Setzen Sie sich auf einen gemütlichen Platz und spüren Sie dem Erlebten nach. Wenn Sie möchten, können Sie ein paar Notizen in Ihrem Tagebuch machen. Lassen Sie den Abend ansonsten ruhig ausklingen.

Kreatives Outlet für Ihre Emotionen

Diese Abendroutine ermöglicht Ihnen, starke Emotionen auf kreative Weise zu verarbeiten und somit in einen Zustand der Ruhe und Ausgeglichenheit zu kommen. Richten Sie sich zunächst ein kleines Abendessen an. Probieren Sie entweder ein neues Rezept aus oder gestalten Sie ein klassisches Abendbrot auf kreative Weise, indem Sie das Essen appetitlich anrichten und garnieren. Danach probieren Sie eine Kreativtechnik Ihrer Wahl aus, entweder Malen, Zeichnen, Basteln, Handarbeiten oder etwas ganz anderes. Probieren Sie, Ihren aktuell bestehenden Gefühlen Ausdruck zu verleihen. Welche Farbe hat Wut? Wie würden Sie übersprudelnde Freude stofflich darstellen? Bleiben Sie bei der Tätigkeit und Ihren Gefühlen. Wenn Sie gedanklich abschweifen, gehen Sie mit Ihrer Aufmerksamkeit wieder zurück zu dem Prozess.

Es ist nicht wichtig, wie das Ergebnis Ihrer Kreativsession aussieht, sondern es geht allein um das Ausführen und Ihr Empfinden dabei. Beobachten Sie aufsteigende Gedanken, aber verurteilen Sie sich nicht – selbst wenn Sie sich unter Druck setzen, etwas Besonderes erschaffen zu müssen. Auch wenn Ihr innerer Kritiker behauptet, Sie könnten gar nicht kreativ sein oder diese ganze Achtsamkeitssache würde keinen Sinn machen, registrieren Sie dies einfach nur als das, was es ist: ein Gedanke. Nicht mehr und nicht weniger.

Kehren Sie dann mit Ihrer vollen Aufmerksamkeit wieder zu dem kreativen Prozess zurück. Versuchen Sie, spielerische Neugierde walten zu lassen, ähnlich wie ein Kind, das einfach ausprobiert, statt ein bestimmtes Ziel zu verfolgen. Lenken Sie sich auch nicht mit Anleitungsvideos, Filmen oder Serien nebenbei ab, sondern widmen Sie sich ganz gezielt nur dieser Tätigkeit. Wie fühlt sich das an?

Beenden Sie irgendwann Ihre Tätigkeit und nehmen Sie sich ein Buch, das Sie in diesem Moment anspricht. Genießen Sie jetzt den kreativen Ausdruck einer anderen Person. Tauchen Sie in eine wunderschöne Geschichte ein oder betrachten Sie aufmerksam einen ästhetischen Bildband. Welche Empfindungen rühren sich in Ihnen? Bleiben Sie auch hier bewusst allein bei dieser einen Tätigkeit und legen Sie dann nach einiger Zeit das Buch zur Seite, um sich für die Nacht fertig zu machen.

5 Entspannungsübungen, um den Tag hinter sich zu lassen

Mit den vorgestellten Übungen haben Sie eine abwechslungsreiche Auswahl an Techniken, um am Abend zur Ruhe zu kommen.

Yoga Nidra

Keine Sorge, beim Yoga Nidra müssen Sie keine komplizierten Verrenkungen auf einer Yogamatte machen, sondern dürfen sich ganz auf Entspannung einstellen. Yoga Nidra, auch bekannt als der yogische Schlaf, ist eine Technik der Tiefenentspannung. Sie wird im Liegen ausgeführt und soll nicht nur Körper und Geist in einen tiefen Entspannungszustand versetzen, sondern auch den Schlaf verbessern und bei Schmerzen und körperlichem Unwohlsein helfen.

Je nach Yogaschule können verschiedene Schwerpunkte beim Ablauf einer Yoga-Nidra-Session gelegt werden. Häufig wird die Session mit einem Vorsatz begonnen, also mit einem persönlichen Wunsch oder Ziel, das Sie sich setzen. Danach wird meistens ein Body-Scan durchgeführt, bevor die Entspannung mit einer Fokussierung auf den Atem vertieft wird. Arbeit mit vorhandenen Emotionen und Visualisierung kann ebenfalls Teil des Yoga Nidra sein. Wurde ein Vorsatz gewählt, wird dieser am Ende der Session noch einmal wiederholt, bevor Sie ins Jetzt zurückkehren.

Autogenes Training

Das Autogene Training ist eine autosuggestive Technik, bei der Sie allein mithilfe Ihrer Vorstellungskraft für Entspannung in Ihrem Körper und Geist sorgen. Die Technik ist leicht zu erlernen und kann ohne große Vorbereitung angewandt werden. Das heute gelehrte Autogene Training geht auf den Psychiater Johannes Heinrich Schultz zurück. Es soll nicht nur bei körperlichen Verspannungen, Unruhe und Schmerzen helfen, sondern auch bei Einschlafproblemen.

Typische Bestandteile des Autogenen Trainings sind die Schwereübung und die Wärmeübung. Üblicherweise wird das Autogene Training im Liegen oder im Sitzen durchgeführt. Sie konzentrieren sich dabei nach und nach auf einzelne Körperbereiche, bei denen Sie sich innerlich Suggestivsätze vorsprechen, etwa „Mein Arm ist ganz schwer" oder „Mein Arm ist ganz warm". Auf festgelegte Weise wandern Sie so gedanklich durch den Körper und suggerieren sich selbst, dass Sie sich warm, schwer und entspannt fühlen. Besonders einfach wird es, wenn Sie einer Anleitung folgen, von denen Sie zahlreiche in der entsprechenden Literatur oder im Netz finden.

Bewusst Entspannungsmusik lauschen

Wann haben Sie das letzte Mal bewusst Musik gehört? Die Dauerberieselung im Alltag, auf der Fahrt zur Arbeit, im Supermarkt oder im Wartezimmer beim Arzt ist damit ausdrücklich nicht gemeint.

Musik kann eine sehr entspannende und beruhigende Wirkung haben. Verschiedene Studien haben gezeigt, dass geeignete Musik das Stresslevel massiv senken kann. Forschende an der Ruhr-Universität beobachteten bei Probandinnen und Probanden, die die Mozartsche Symphonie Nr. 40, g-Moll (KV 550) hörten, eine verringerte Herzfrequenz und die Abnahme des Stresshormons Cortisol. Gönnen Sie sich daher ein Klangbad mit entspannender Musik.

Neben Mozart soll auch das Stück Weightless von Marconi Union sehr beruhigend wirken. Es gilt sogar als entspannendster Song der Welt. Es wird empfohlen, diesen nicht während des Autofahrens zu hören. Probieren Sie aus, was für Sie funktioniert, und genießen Sie Ihren musikalischen Abend.

Fantasiereisen

Fantasiereisen sind Imaginationstechniken, die auch unter dem Namen Klang- oder Traumreisen bekannt sind. Sie bieten die Möglichkeit, allein mittels der Vorstellungskraft in eine entspannende Umgebung oder Geschichte einzutauchen. Häufig sind sie mit einer Anleitung zur körperlichen Entspannung verbunden. Im Internet finden Sie eine große Auswahl an Fantasiereisen zu den unterschiedlichsten Themen. Probieren Sie doch einmal eine solche Reise aus und freuen Sie sich auf eine ungewohnte Form der Entspannung.

Feldenkrais zum Lösen von Entspannungen

Anspannung, entweder bedingt durch seelische Belastung oder körperlich ungesunde Verhaltensweisen, wie etwa zu wenig Bewegung oder immer gleiche Bewegungsmuster, ist einer der Hauptgründe, warum viele Menschen am Abend nicht zur Ruhe finden. Moshé Feldenkrais, ein israelischer Wissenschaftler, entwickelte ein Bewegungsverfahren, das durch eine bewusste Selbstwahrnehmung und das Ausführen verschiedenster Bewegungen zu einem verbesserten Körperempfinden führen soll. Zudem kann es dabei helfen, seelische und körperliche Spannungen loszulassen.

Eingeschliffene Bewegungsmuster können durch bewusste Wahrnehmung und neue Bewegungsvariationen ergänzt oder verändert werden. Körper und Geist werden durch die sanfte Ausführung und die bewusste Konzentration auf die Bewegungsabläufe zusammengeführt. Feldenkrais lernen Sie am besten bei einer ausgebildeten Lehrkraft. Für einen Einstieg eignen sich auch Bücher, CDs oder Videos.

Eine einfache Übung, die Sie im Bett ausführen können, widmet sich der oftmals verspannten Nackenpartie: Nehmen Sie dafür eine bequeme Rückenlage mit gestreckter Wirbelsäule ein. Kommen Sie in Ihrem Körper an und atmen Sie einige Male tief ein und aus. Rollen Sie jetzt sehr langsam Ihren Kopf nach links. Wie fühlt sich das an? Wandern Sie mit all Ihrer Aufmerksamkeit in den Nacken und Kopfbereich. Spüren Sie wirklich bei jeder kleinen Bewegung mit. Führen Sie nun den Kopf sehr langsam wieder zur Mitte. Verbleiben Sie hier einen Moment und spüren Sie nach. Dann bewegen Sie Ihren Kopf ganz langsam nach rechts. Fühlen Sie auch hier genau hin. Gibt es einen Unterschied zur linken Seite? Drehen Sie Ihren Kopf jetzt wieder zur Mitte.

Führen Sie die Übung dann erneut nach links aus, während Sie Ihre Augen gezielt nach links bewegen. Fühlt sich die Bewegung jetzt anders an? Wiederholen Sie die Bewegungsabfolge auch rechts und vergleichen Sie. Nachdem Sie erneut in der Mitte angekommen sind, bewegen Sie Ihren Kopf nach links, halten Sie die Augen aber auf ihre alte Position gerichtet. Führen Sie Ihren Kopf wieder zurück und wiederholen Sie die Übung auf der rechten Seite. Fällt es schwerer, den Kopf auf diese Weise zu bewegen? Anschließend kommen Sie wieder in der Mitte an. Atmen Sie einige Male tief ein und aus und spüren Sie nach.

Wie fühlt sich Ihr Nackenbereich jetzt an? Welche Bewegung war besonders ungewohnt? Welche möchten Sie im Alltag vielleicht öfter ausführen, da Sie Ihnen mehr Bewegungsfreiheit verschafft?

Genießen Sie die Entspannung, die möglicherweise durch die ungewohnte Bewegung in Ihrem Nackenbereich entstanden ist, und geben Sie sich ganz der Ruhe hin.

3 Methoden, um Dankbarkeit zu praktizieren

Dankbarkeit ist ein besonders tiefes und erfüllendes Gefühl, dem wir im Alltag aber leider wenig Raum zugestehen. Aus evolutionär-biologischer Sicht ist es für uns relevanter, uns vor Augen zu halten, was in unserem Alltag schlimm oder stressig und somit potenziell gefährlich ist, statt uns darauf zu konzentrieren, was angenehm oder gut gelaufen ist. Dies wird, wie bereits erwähnt, in der Psychologie auch als Negativ-Bias bezeichnet.

Zudem macht uns die Gewohnheit häufig einen Strich durch die Rechnung, sodass wir den Blick für das Gute verlieren. Das Gute wird uns erst wieder bewusst, wenn der Dankbarkeitsauslöser plötzlich fehlt: Etwa, wenn wir krank werden und plötzlich nicht mehr leistungsfähig sind, eine Freundschaft zerbricht, die wir für selbstverständlich genommen haben, oder wir einen Gegenstand verlieren, der uns immer viel Freude bereitet hat. Durch eine Dankbarkeitspraxis schärfen wir unseren Blick für all die guten Begegnungen, Ereignisse und Dinge in unserem Leben.

Wir verpassen somit unserer durch den Negativ-Bias beeinflussten Weltsicht einen Reality-Check. Dies bedeutet nicht, dass wir die Welt plötzlich nur noch rosarot sehen. Es heißt lediglich, dass wir auch all dem, was bereits gut in unserem Leben ist, die verdiente Andacht geben. Dadurch können wir diesen Aspekten viel mehr Wertschätzung schenken und sie bewusster und in all ihrer Schönheit und Vielfalt wahrnehmen. Die neu gewonnene Wertschätzung und Dankbarkeit wirkt sich nicht nur positiv auf uns selbst aus, indem unser Menschen- und Weltbild freundlicher wird. Sie äußert sich auch dadurch, dass wir optimistischer in die Zukunft blicken, emotional ausgeglichener und resilienter sind und im Umgang mit anderen Menschen entspannter und erfolgreicher.

Versuchen Sie einmal, eine der folgenden Übungen in Ihre Abendroutine zu integrieren. Freuen Sie sich über die Gefühle von Frieden und Wertschätzung, die die Dankbarkeitspraxis in Ihnen auslösen kann.

Kleiner Hinweis: Es kann sich zunächst ungewohnt anfühlen, die Dankbarkeit so bewusst zu zelebrieren, vielleicht sogar albern. Lassen Sie nicht locker und geben Sie sich ein wenig Zeit. Sie werden erstaunt sein, wie eine regelmäßige Dankbarkeitspraxis Ihr Wohlbefinden verbessern kann.

Dankbarkeitsmeditation

Die Achtsamkeitspraxis bietet verschiedene Dankbarkeitsmeditationen, bei denen Sie sich voll und ganz auf das Gefühl der Dankbarkeit konzentrieren. Auf diese Weise können Sie das Gefühl in all seinen Facetten besonders intensiv wahrnehmen und ihm die nötige Andacht geben, die es im Alltag so oft einbüßt. Wie Sie bereits wissen, ist es in uns angelegt, dass wir uns die negativen Dinge besser merken und ihnen mehr mentalen Raum geben. Mittels der Dankbarkeitsmeditation verschaffen wir den guten Momenten in unserem Leben uneingeschränkt Platz und können die positive Wirkung davon direkt spüren.

Nehmen Sie eine aufrechte Haltung im Sitzen ein und legen Sie Ihre Hände locker in den Schoß. Atmen Sie einige Male tief ein und aus und kommen Sie im Hier und Jetzt an. Stimmen Sie sich ganz darauf ein, dass Sie mit dieser Meditation das Dankbarkeitsgefühl schulen wollen. Machen Sie sich bewusst, aus welcher Motivation heraus Sie diese Meditation ausführen möchten. Nehmen Sie dann einige tiefe Atemzüge, um vollständig anzukommen. Greifen Sie mit Ihrer rechten Hand zuerst Ihren linken Daumen. Denken Sie dabei an ein Ereignis, eine Person, eine Sache oder etwas ganz anderes, für das Sie dankbar sind. Dies kann etwas Großes und Besonderes sein, wie etwa die Geburt eines Kindes, eine neue Liebe oder ein tolles Geschenk, aber auch etwas ganz Alltägliches, wie ein wohlduftender Tee, der Gesang der Vögel oder der Anblick einer schönen Blume auf dem Weg ins Büro.

Führen Sie sich bildhaft vor Augen, wofür Sie dankbar sind, und tauchen Sie ganz in das Gefühl ein. Nehmen Sie wahr, ob sich körperliche Veränderungen einstellen: Entspannen sich Ihre Schultern möglicherweise? Heben sich Ihre Mundwinkel leicht oder zeigt sich ein kleines Funkeln in Ihren Augen? Vielleicht atmen Sie auch tiefer und entspannter?

Nachdem Sie sich einige Minuten mit der beglückenden Situation auseinandergesetzt haben, lassen Sie sie wieder in den Hintergrund treten. Nun wandern Sie mit Ihrer Hand an den linken Zeigefinger. Auch dieser steht stellvertretend für ein Ereignis oder eine Person, für die Sie dankbar sind. Stellen Sie sich auch hier den Auslöser der Dankbarkeit so plastisch wie möglich vor. Falls Sie Schwierigkeiten damit haben, bildhaft zu denken, können Sie auch mit einem Gefühl arbeiten. Dies ist vollkommen ausreichend. Wichtig ist nur, dass Sie Ihre gesamte Aufmerksamkeit auf die Dankbarkeit für diesen Auslöser lenken. Falls Ihre Aufmerksamkeit abschweift, richten Sie sich immer wieder freundlich auf diesen Fokus.

Wandern Sie so nach und nach alle Finger Ihrer linken Hand ab. Nehmen Sie dann die linke Hand, um die Finger Ihrer rechten Hand durchzugehen und sich so an fünf weitere Auslöser für Dankbarkeit zu erinnern. Sollten Sie nicht so viele Auslöser finden, bleiben Sie einfach bei denen, die Sie finden können, und vertiefen Sie sich ganz in das Gefühl der Dankbarkeit. Es ist allerdings mit stetiger Praxis gut möglich, dass Ihr Blick für Momente, die Dankbarkeit auslösen, schärfer wird und es Ihnen immer leichterfällt, Dankbarkeit zu spüren.

Dankbarkeitstagebuch

Ein Dankbarkeitstagebuch ist eine wunderbare Option, um die Dankbarkeit einzuüben, ihr mehr Raum im Alltag zu geben und sich bewusst zu machen, wie viele kleine und große Momente es im eigenen Leben gibt, für die man dankbar sein kann.

Probieren Sie eine Weile, Ihr persönliches Abendritual um das Führen eines Dankbarkeitstagebuchs zu ergänzen. Besonders leicht geht dies, wenn Sie die neue Gewohnheit an eine bestehende Gewohnheit koppeln. Wenn Sie zum Beispiel jeden Abend eine Tasse Tee trinken, kombinieren Sie dies einfach mit einer kleinen Tagebuch-Session. Sie können das Tagebuch sowohl elektronisch als auch von Hand verfassen.

Da Menschen aber dazu neigen, sich Handgeschriebenes besser zu merken, und der Gebrauch von elektronischen Geräten am Abend aufgrund des blauen Lichts negative Auswirkungen auf den Schlaf haben kann, ist es ratsam, zu Stift und Papier zu greifen. Am besten suchen Sie sich ein hübsches Heftchen, das Sie auch optisch anspricht, und einen Stift, der gut in der Hand liegt und mit dem Sie gerne schreiben. Notieren Sie dann jeden Abend, wofür Sie dankbar sind.

Sie können hier verschiedenen Ansätzen folgen:

- Beschreiben Sie ausführlich ein Ereignis. Greifen Sie dabei auf sämtliche Sinneseindrücke zurück, an die Sie sich erinnern können, und notieren Sie sie. Dadurch beschreiben Sie Ihren Dankbarkeitsauslöser besonders bildhaft und lassen das Ereignis vor Ihrem inneren Auge noch einmal lebendig werden, wodurch die positiven Empfindungen erneut angeregt werden.

- Schreiben Sie in kurzen Stichpunkten drei Dinge auf, für die Sie dankbar waren, beziehungsweise sind. Diese Technik eignet sich besonders gut, wenn Sie wenig Zeit haben oder sich schwer damit tun, die passenden Worte zu finden. Sie können hier knapp bleiben und beispielsweise auch mit Symbolen arbeiten. Wichtig ist allein, dass Sie sich kontinuierlich einige Minuten auf die Dankbarkeit besinnen und den Abend mit diesem positiven Vergegenwärtigen abschließen.

- Sie können auch mit Vorlagen arbeiten, die Sie im Netz finden oder sich selbst erstellen. Diese geben Ihnen tägliche Schreibimpulse vor, die Sie für Ihre Dankbarkeitspraxis nutzen können. Die Impulse sind meist thematisch aufgegliedert und umfassen Anregungen wie etwa Dankbarkeit für Personen,

Dankbarkeit für Lektionen, Dankbarkeit für kleine Freuden, Dankbarkeit für besondere Momente oder Dankbarkeit für sich selbst. Teilweise werden die positiven Gefühle auch erweitert, indem Sie angeregt werden zu notieren, worauf Sie sich am nächsten Tag freuen oder worauf Sie an diesem Tag stolz sind.

- Beim Führen eines Dankbarkeitstagebuchs sind Sie nicht allein auf den schriftlichen Ausdruck festgelegt. Wenn es Ihnen mehr liegt, können Sie selbstverständlich auch anderweitig kreativ werden und Ihre Dankbarkeit mit Zeichnungen, Bildern, Collagen oder anderen Techniken zum Ausdruck bringen. Die kreative Gestaltung ermöglicht es Ihnen, sich über einen besonders langen Zeitraum mit dem Gefühl der Dankbarkeit auseinanderzusetzen, und verschafft Ihnen möglicherweise ein Flow-Erlebnis (was ebenfalls Anlass zur Dankbarkeit sein kann).

Da Sie sich in Ihrem Dankbarkeitstagebuch ausschließlich auf positive Dinge konzentrieren und nicht wie sonst in einem Tagebuch üblich auch belastende Dinge thematisieren, lenken Sie Ihren Fokus bewusst auf das Gute und geben ihm mehr Raum. Auf diese Weise achten Sie auch tagsüber automatisch mehr darauf und sind somit empfänglicher für die kleinen und großen Freuden des Lebens.

Das Führen eines Dankbarkeitstagebuchs wurde bereits wissenschaftlich untersucht und bietet nachweislich positive Effekte auf die körperliche und mentale Gesundheit. Bei einer regelmäßigen und mehrere Monate anhaltenden Praxis berichteten die Probandinnen und Probanden von mehr Lebensfreude und einem gesteigerten Wohlbefinden. Das Notieren der Dankbarkeitsanlässe kann zudem stressreduzierend wirken und somit für mehr körperliche Entspannung sorgen sowie die Einstellung zu den Mitmenschen verbessern. Zudem bietet Ihnen ein mit positiven Erlebnissen gefülltes Tagebuch die Möglichkeit, immer wieder innezuhalten und schwarz auf weiß zu sehen, wie viele Anlässe es in Ihrem Leben gibt, glücklich zu sein.

Dankbarkeit ausdrücken und teilen

Es gibt sehr viele verschiedene Wege, die Dankbarkeit, die wir entwickeln, auch nach außen zu bringen. Viele Menschen, die religiös oder spirituell sind, können ihre Dankbarkeit gegenüber dem äußern, an das sie glauben. Das kann ein Gott sein, die Liebe oder das Universum.

Die innere Zwiesprache und das bewusste Bedanken bei einer höheren Macht können ein sehr beruhigendes und gleichzeitig erhabenes Gefühl schenken. Viele Menschen genießen es, dass sie sich dabei als Teil einer größeren Glaubensgemeinschaft fühlen können. So ist es beispielsweise in vielen buddhistischen Strömungen üblich, sich am Ende einer Meditation oder einer religiösen Handlung nicht nur bei Buddha zu bedanken, sondern auch bei der Sangha, also der Gemeinschaft der Praktizierenden.

Der Ausdruck Ihrer Dankbarkeit kann sich natürlich nicht nur an eine höhere Kraft richten, sondern auch an Personen aus Ihrem Umfeld. Vielleicht war Ihr Partner Ihnen heute eine wunderbare Unterstützung oder Ihr Kind hat Ihnen Freude bereitet? Möglicherweise hat Sie eine Nachbarin mit einer lieben Geste erfreut oder Ihr bester Freund zum Lachen gebracht? Hat die Busfahrerin extra auf Sie gewartet, der Barista Ihnen zwei Kekse zum Kaffee gegeben oder ein Passant Ihnen die Tür aufgehalten?

Gehen Sie in Gedanken durch Ihren Tag und überlegen Sie, in welchen Momenten Sie anderen Menschen dankbar waren. Senden Sie diesen Menschen noch einmal gedanklich Ihre ganze Dankbarkeit und fühlen Sie, wie sich diese Bereitschaft, Dankbarkeit auszudrücken, anfühlt. Wie macht sie sich körperlich bemerkbar? Wie ist Ihre Stimmung?

Den Personen, mit denen Sie in Kontakt stehen, können Sie selbstverständlich auch direkt Ihre Dankbarkeit zeigen. Nehmen Sie Ihren Nachwuchs in den Arm und danken Sie ihm von Herzen. Schicken Sie der Freundin eine kurze Nachricht – oder wie wäre es mit einer Postkarte? Sicher finden Sie einen Weg, wie Sie Ihre Dankbarkeit auf die richtige Weise ausdrücken können. Mittels dieser Übung genießen Sie nicht nur das gute Gefühl der Dankbarkeit, sondern Sie sehen auch, dass Sie Teil einer Gemeinschaft sind, in der die Menschen einander Gutes tun. So können Sie Ihr Menschenbild nach und nach auf das Positive ausrichten, Wertschätzung und Freude in Ihrem Umfeld verbreiten und somit insgesamt für eine freundlichere, offenere und positivere Stimmung sorgen.

Vielleicht haben Sie ja auch etwas Gutes getan, für das Ihnen jemand anderes dankbar sein kann? Oder sind Sie sich selbst dankbar? Sicherlich gab es heute einen Moment, in dem Sie gut für sich gesorgt haben, für sich eingestanden sind oder sich eine Freude gemacht haben. Wenn Sie mögen, nehmen Sie sich einen Spiegel zur Hand, schauen Sie sich selbst in die Augen und sagen Sie sich danke. Sie können sich auch selbst kurz in den Arm nehmen oder die Hand auf Ihr Herz legen. Finden Sie den Ausdruck von Zuwendung und Dankbarkeit, der für Sie im Moment stimmig ist, und geben Sie sich ein paar Augenblicke ganz dem Gefühl von aufrichtiger Dankbarkeit hin.

Mit diesen Techniken tun Sie aktiv etwas für eine erholsame Nacht. Denn nicht nur das Einschlafen, sondern auch die Schlafqualität kann sich durch Dankbarkeit verbessern. Freuen Sie sich auf Ihre wohlverdiente Erholung!

Ihre persönliche Achtsamkeits-Challenge: 12 Tipps für eine nachhaltige Praxis

Sie wissen nun um die wundervollen Möglichkeiten einer regelmäßigen Achtsamkeitspraxis. Aber wie schaffen Sie es, diese zu einer lieben Gewohnheit werden zu lassen? In diesem Kapitel bekommen Sie einige hilfreiche Anregungen, die Sie bei diesem spannenden Unternehmen unterstützen und Ihnen dabei helfen, die Achtsamkeit zu Ihrer dauerhaften Begleiterin werden zu lassen.

4 Strategien, wie Sie Ihre tägliche Praxis aufbauen

Routinen aufbauen, ist gar nicht so leicht. Im Folgenden finden Sie vier Anregungen, mit denen Sie für Regelmäßigkeit sorgen können.

Machen Sie ein Date daraus!

„Damit fange ich morgen an."

„Jetzt ist schon der halbe Tag herum, da lohnt es sich nicht mehr."

„Ich habe gar keine Ahnung mehr, wie ich nach Hause gekommen bin – ich war den ganzen Tag im Autopilot-Modus. Da brauche ich jetzt auch nicht mehr mit irgendeiner Meditation anzufangen."

Sicher haben Sie auch schon mindestens einen dieser Sätze oder Ähnliches gedacht oder gesagt, nachdem Sie sich dafür entschieden haben, der Achtsamkeitspraxis eine Chance zu geben. Wir Menschen neigen zum Prokrastinieren, also dem Aufschieben von Tätigkeiten.

Selbst wenn wir um die zahlreichen Vorteile der Achtsamkeitspraxis wissen, bedeutet dies noch lange nicht, dass uns eine Integration dieser Übungen in unseren Alltag leichtfällt. Stattdessen neigen wir dazu, Alternativtätigkeiten auszuführen, oder wir sind so gelähmt, dass wir komplett untätig bleiben. Die Ursachen für dieses Verhalten sind vielfältig: Häufig vermischen sich die Gründe auch, etwa die Angst zu versagen, die Angst vor Neuem, die Unsicherheit, welche Veränderungen ein neues Verhalten mit sich bringen wird, oder die Bequemlichkeit.

Eine Veränderung des eigenen Verhaltens ist immer mit Arbeit verbunden. Und obwohl Sie wissen, dass diese Arbeit lohnenswert ist, erfordert der Prozess ein nicht zu unterschätzendes Maß an Motivation. Besonders wichtig ist dabei die innere Motivation, also der Antrieb, der aus einem selbst kommt. Weil die meisten Menschen nicht achtsamer werden wollen, weil es jemand von ihnen verlangt, sondern weil sie es selbst möchten, fehlt oft eine äußere Unterstützung. Das bedeutet, dass wir uns selbst die Zeit, Energie und den Raum für die Achtsamkeitspraxis schaffen müssen – auch wenn es schwierig ist. Vielen fällt es dabei leichter, wenn sie sich mit anderen zusammentun, zum Beispiel in einem Achtsamkeitskurs oder einer Gruppe, um sich gegenseitig zu motivieren.

Als Nebeneffekt gelingt dann häufig auch die eigene Praxis leichter. So oder so: Machen Sie ein Date daraus! Schenken Sie Ihrer Achtsamkeitspraxis die nötige Aufmerksamkeit, indem Sie sie zu einem festen Bestandteil Ihrer Wochenplanung machen und ihr den nötigen Raum geben. Statt zu schauen, wo sie vielleicht am Ende des Tages noch eingebaut werden kann, und dann doch keine Zeit mehr zu finden, sollten Sie sich feste Übungszeiten aussuchen, in denen Sie Ihre Praxis ausüben.

Dies bedeutet natürlich nicht, dass Sie absolut unflexibel daran festhalten und sich dadurch einengen. Es geht darum, dass Sie dem Üben den nötigen Wert zugestehen und auch die damit einhergehenden Anstrengungen unternehmen, um es auszuführen. So wie Sie feste Zeiten für körperliche Ertüchtigung oder Ihre Körperhygiene einplanen, können Sie auch Termine für Ihre Seelenhygiene festlegen. Dadurch gewinnt die Achtsamkeitspraxis nicht nur Ihnen selbst gegenüber an Relevanz. Auch Ihr Umfeld wird verstehen, dass diese Termine für Sie wichtig sind und es diese respektieren muss. Wenn einmal ein Termin ausfällt, ist das nicht schlimm. Erlauben Sie sich Ausnahmen und knüpfen Sie einfach am nächsten Tag wieder an Ihre Praxis an. Eine Fluktuation in der konstanten Praxis ist menschlich.

Machen Sie sich Ihre Intention und Motivation klar

In vielen Achtsamkeitsschulen wird der Beginn der Sitzung mit einer kurzen Innenschau eingeleitet, bei der sich die Praktizierenden über ihre Intention und Motivation für die jeweilige Praxis klar werden. Sie fragen sich, mit welcher Absicht sie diese Übung an dem Tag ausführen wollen. Antworten darauf können beispielsweise der Wunsch sein, achtsamer durch den Tag zu gehen, etwas für die eigene Gesundheit zu tun oder geduldiger im Umgang mit sich und anderen zu werden.

Wir fassen also einen Vorsatz, unsere Achtsamkeitsübungen auszuführen. In der Psychologie wird Intention als handlungsleitend betrachtet und als etwas, was eine gewisse Verbindlichkeit mit sich bringt. Wird eine Intention gefasst, zeigt sich diese beständiger als andere Gedanken. Sie führt zudem dazu, dass Sinnesanregungen bevorzugt wahrgenommen werden, die der Erreichung des Ziels dienlich sind.

Machen wir uns zudem noch klar, was unsere Motivation für unsere Praxis ist, wirkt dies ebenfalls verstärkend. Wir machen uns bewusst, welche Veränderungen oder Zustände von uns dadurch angestrebt werden. Dies ist keinesfalls ein Widerspruch dazu, während der Achtsamkeitspraxis das zu beobachten und wertungsfrei anzunehmen, was ist. Motivationstheorien besagen, dass das Verhalten maßgeblich von unseren Erwartungen eines bestimmten Ergebnisses beeinflusst wird und wir eher geneigt sind, eine Handlung auszuführen, wenn wir ein positives Ergebnis erwarten.

Ist unsere Motivation beispielsweise, ruhiger, psychisch stabiler oder besonnener im Umgang mit anderen zu werden, und glauben wir, dass dies durch eine regelmäßige Meditationspraxis erreicht werden kann, dann fällt es uns leichter, die nötige Motivation dafür aufzubringen. Machen Sie sich daher immer wieder vor einer Übungseinheit bewusst, welche Intention und Motivation für Ihre Session an diesem Tag bestehen, um Ihre Praxis zu unterstützen.

Bleiben Sie flexibel bei der Wahl Ihrer Übungen

Achtsamkeit ist ein weites Feld und die Auswahl an Übungen groß. Genauso, wie Sie nicht alle auffindbaren Übungen praktizieren müssen, sind Sie auch nicht festgelegt darauf, jeden Tag die gleiche Praxis durchzuführen. Bleiben Sie flexibel bei der Wahl Ihrer Übungen und gehen Sie auf Ihre jeweilige Tagesverfassung ein. Bemerken Sie beispielsweise, dass Sie sich an einem Tag besonders schlecht konzentrieren können, wählen Sie eine geführte Meditation. Indem Sie sich einfach auf die angenehme Stimme konzentrieren, können Sie sich meist auch leichter fokussieren.

Fühlen Sie sich körperlich unruhig, wählen Sie eine achtsame Bewegungspraxis, um Spannungen abzubauen. Gehen Sie auf jeden Fall immer individuell auf Ihre jeweiligen Bedürfnisse ein und signalisieren Sie sich, dass die Achtsamkeitspraxis etwas Wohltuendes und keine lästige Pflicht ist. Natürlich wird es Tage geben, an denen Sie keine Lust haben. Genau dann ist es wichtig, trotz mangelnder Motivation am Ball zu bleiben. Durch eine Anpassung Ihrer Praxis an Ihre Bedürfnisse und Interessen schaffen Sie sich die Möglichkeit, Motivationstiefs selbstbewusst zu durchqueren, Ihre Praxis abwechslungsreich und dadurch interessant zu halten und eine positive Beziehung zum Thema Achtsamkeit aufzubauen und zu etablieren.

Kombinieren Sie formale und non-formale Praxis

Als formale Achtsamkeitspraxis werden in der Regel gezielte Achtsamkeitsübungen verstanden, also etwa die Achtsamkeitsmeditation. Der Besuch einer Meditationsgruppe, eines Meditationskurses oder auch die eigene Praxis, bei der Sie sich auf Ihrem Meditationskissen der gezielten Ausführung von Achtsamkeitsübungen widmen, können dazu gezählt werden. Die Praxis findet üblicherweise für eine bestimmte Zeit in einer eigens dafür geschaffenen Umgebung der Ruhe statt. Wir ziehen uns beispielsweise in einen stillen, reizarmen Raum zurück, nehmen eine bestimmte Meditationshaltung ein oder arbeiten mit Klangsignalen, wie dem Anschlagen einer Klangschale, um uns auf die Achtsamkeitspraxis einzustimmen. Alle an dieser Praxis Beteiligten haben das Ziel, Achtsamkeit zu üben und eine Atmosphäre zu schaffen, in der die Auseinandersetzung mit der eigenen Aufmerksamkeit und den eigenen Emotionen besonders gut gelingen kann.

Im Rahmen der formellen Achtsamkeitspraxis können so neue Achtsamkeitstechniken erlernt und eingeübt werden. Häufig ist eine Lehrkraft Teil der formalen Achtsamkeitspraxis, ob nun in persona oder in Form von Video- oder Tonaufnahmen, sodass es eine Anleitung von außen gibt. Auch wenn Sie alleine praktizieren, schaffen Sie bei der formalen Achtsamkeitspraxis in der Regel eine Situation, die sich von Ihrem Alltag klar abgrenzt und ein Fenster öffnet, um sich ganz bewusst dem Achtsamkeitstraining zu widmen. Abseits dieser formalen Achtsamkeitspraxis bietet die informale Achtsamkeitspraxis ebenfalls zahlreiche Möglichkeiten, Achtsamkeit im Alltag zu leben und zu steigern.

Bei der informellen Praxis wird nicht gezielt ein spezieller Rahmen geschaffen, um ausgewählte Übungen auszuführen. Es geht stattdessen darum, im alltäglichen Geschehen eine achtsame Haltung zu pflegen. Dies kann bei ganz alltäglichen Aktivitäten geschehen, etwa beim achtsamen Abspülen von Geschirr, dem achtsamen Zähneputzen oder dem achtsamen Zubereiten von Nahrungsmitteln. Es besteht auch die Möglichkeit, die in der formalen Achtsamkeitspraxis erlernten Techniken in die informale Achtsamkeitspraxis zu überführen, etwa das achtsame Essen oder das achtsame Gehen. Statt dies in dem speziellen Rahmen der formalen Achtsamkeitspraxis auszuführen, können Sie beispielsweise versuchen, auf dem Weg zur Bushaltestelle oder in die Büroküche einige Momente der Achtsamkeit zu etablieren. Selbst wenn in diesem Umfeld nicht die idealen Bedingungen herrschen und Sie mit alltäglichen Störungen rechnen müssen, können diese Momente der Achtsamkeitspraxis ebenso wertvoll sein wie die der formalen Übungen. Sie schenken uns einen Moment der Pause, der innerlichen Verzögerung, da wir aus dem Hamsterrad des Alltags aussteigen. Wir entscheiden uns ganz bewusst, präsent bei dem zu sein, was im Moment passiert, egal was es sein mag. Wir bekommen mit, was geschieht, während es geschieht, und nehmen im Idealfall eine wertungsfreie beobachtende Position ein, die uns aus dem Reiz-Reaktions-Schema befreit. Dadurch gelingt es uns leichter, unsere Emotionen zu regulieren und das Erlebte zu verarbeiten. Statt mit einem stetig wachsenden Stresspegel durch den Tag zu hasten, schaffen wir uns durch die informelle Praxis kleine Verschnaufpausen, in denen wir ganz zu uns selbst zurückkommen und uns erden können.

Durch die für die Achtsamkeit typische Haltung der freundlichen Neugierde und Offenheit, den Anfängergeist, wird zudem das menschliche Bedürfnis nach Neuerungen befriedigt. Wir erhalten die Chance, auch bei sich täglich wiederholenden Aufgaben mit einem frischen Blickwinkel loszulegen und immer wieder Neues und Interessantes zu entdecken. Der scheinbar ewig gleiche Trott, der durch den Autopilot-Modus noch lähmender und langweiliger wirkt, wird so unterbrochen und das Leben gewinnt an Farbe und Vielfalt zurück.

Darüber hinaus ist die informelle Praxis ideal, wenn Sie Schwierigkeiten haben, sich die Zeit für eine formelle Praxis zu nehmen. Statt in einer stressigen Phase aus Zeitmangel ganz auf die wohltuenden Effekte der Achtsamkeitspraxis zu verzichten, können Sie durch die informelle Praxis immer wieder Momente schaffen, in denen die Kraft der Achtsamkeit für Sie spürbar wird.

Selbstverständlich ist damit nicht gemeint, dass eine formelle Praxis überflüssig ist. Studien haben ergeben, dass die regelmäßige und konstante Ausführung von Achtsamkeitsübungen ihren Effekt deutlich steigert und es den Übenden immer leichter fällt, achtsam und ruhig zu bleiben. Aber es zeigt, dass eine informelle Praxis keinesfalls minderwertiger als die formelle Praxis ist und ebenfalls einen festen Bestandteil in Ihrem Alltag bilden sollte. Nutzen Sie die jeweiligen Vorteile dieser beiden Praxisformen und schaffen Sie sich so Ihre ganz individuelle Achtsamkeitspraxis, die für Sie am besten funktioniert.

Wenn Sie sich bisher nicht an die informelle Achtsamkeitspraxis herangewagt haben, beginnen Sie in kleinen Schritten. Der Gedanke, ab jetzt auch jederzeit abseits des Meditationskissens achtsam zu sein, kann überfordernd erscheinen und eher das Gegenteil bewirken. Suchen Sie sich daher zunächst eine alltägliche Aktivität aus und probieren Sie, diese über die nächsten sieben Tage achtsam auszuführen, etwa das Zähneputzen, das Abwaschen Ihrer Lieblingstasse oder das Zusammenlegen Ihrer Kleidung. Wählen Sie zu Beginn eine Aktivität, die Sie alleine ausführen, wenn möglich an einem verhältnismäßig ruhigen Ort und nicht etwa mitten in einem Großraumbüro oder in der Rushhour im dicksten Berufsverkehr. So fällt es Ihnen leichter, sich an eine achtsame Haltung bei alltäglichen Dingen zu gewöhnen, und Sie werden nicht gleich mit zahlreichen Ablenkungen und Störungen konfrontiert. Haben Sie die ersten sieben Tage gemeistert, können Sie eine zweite achtsame Alltagsaktivität einplanen. Wenn Sie möchten, können Sie diesmal auch den Schwierigkeitsgrad erhöhen, indem Sie sich eine Tätigkeit aussuchen, die Sie unter Menschen oder an einem eher unruhigen Ort ausführen.

4 kreative Wege, Achtsamkeit in Ihren Alltag zu integrieren

Sind neue Routinen etabliert, geht es darum, sie zur dauerhaften Gewohnheit werden zu lassen. Hier finden Sie vier Ideen, wie Sie achtsamer im Alltag sein können.

Single-Tasking statt Multi-Tasking

Auch wenn es sich aufgrund von Gewohnheit sicherlich nicht immer vermeiden lässt: Versuchen Sie, statt Multi-Tasking Single-Tasking zu bevorzugen. Während lange Zeit Multi-Tasking als die Speerspitze von Effektivität und Produktivität angesehen wurde, haben jetzt viele

Untersuchungen gezeigt, dass gerade im beruflichen Kontext Single-Tasking bessere und schnellere Ergebnisse mit sich bringt. Konzentrieren Sie sich also voll und ganz auf die Ausführung einer Aktivität, statt mehrere Dinge gleichzeitig zu tun, verlieren Sie keinesfalls an Zeit oder Leistung.

Da die Menschen in der Regel nicht mehrere Dinge zur gleichen Zeit bewältigen können, sondern tatsächlich von einer Aufgabe zur anderen springen, ist beim Multi-Tasking eine entsprechende Verzögerung einzuberechnen. Wenn Sie also eine Sache nach der anderen erledigen, verlieren Sie nicht unbedingt Zeit, sondern sind möglicherweise sogar schneller. Zudem kann es sein, dass Sie die Aktivität an sich deutlich mehr genießen und wahrnehmen können. Schlagworte wie eine höhere Leistungsfähigkeit, eine geringere Fehleranfälligkeit und eine entspanntere Arbeitsweise sollten Sie davon überzeugen, dem Single-Tasking eine Chance zu geben.

Impulse für Single-Tasking im Alltag:

- Legen Sie das Handy zur Seite, wenn Sie mit jemandem sprechen.
- Drehen Sie sich von Ihrem Computerbildschirm weg, wenn Sie mit jemandem telefonieren. So kommen Sie nicht in Versuchung, nebenbei zu surfen, statt sich auf das Gespräch zu konzentrieren.
- Schließen Sie überflüssige Tabs und arbeiten Sie zuerst Aufgaben auf einer Seite ab, statt zwischen den Tabs hin und her zu klicken.
- Setzen Sie sich zum Essen an einen richtigen Tisch.
- Konzentrieren Sie sich auf Ihre Mahlzeit statt nebenbei zu laufen, E-Mails zu beantworten oder auf Social Media unterwegs zu sein.
- Lassen Sie sich nicht unterbrechen und zeigen Sie Ihre Grenzen auf. Wenn Sie gerade an einer Aufgabe arbeiten und von anderen angesprochen werden, teilen Sie ihnen mit, dass Sie sich um deren Anliegen kümmern werden, sobald Sie mit Ihrer bereits begonnenen Aufgabe fertig sind.

Wartezeiten zum Training nutzen

Ob nun an der Supermarktkasse, auf dem Bahnsteig, beim Arzt oder im Bürgerbüro – Wartezeiten gehören zu unserem Alltag dazu und sind oftmals eine echte Geduldsprobe. Nicht selten können diese unfreiwilligen Unterbrechungen unseres aktiven Modus dazu führen, dass wir uns rastlos, ausgebremst oder frustriert fühlen. Wie wäre es, wenn Sie diese Momente als sinnvolle Pause willkommen heißen, in der Sie ein kleines Zeitfenster für Ihre Achtsamkeitspraxis zur Verfügung gestellt bekommen? Wie Sie ja bereits wissen, lässt sich Achtsamkeit nahezu überall und in jeder Situation praktizieren und je nach gewählter Übungsform auch absolut unauffällig. Machen Sie etwaige Wartezeiten daher zu Ihren persönlichen Achtsamkeitsinseln. Freuen Sie sich daran, dass Sie sowohl Ihre Aufmerksamkeit als auch Ihr (Selbst-)Mitgefühl schulen können. Am leichtesten und unauffälligsten durchzuführen, ist sicherlich das achtsame Atmen. Konzentrieren Sie sich einfach nur auf das Ein- und Ausatmen und verfolgen Sie die Bewegungsabläufe in Ihrem Körper. Machen Sie dies, ohne ändernd in Ihren Atemrhythmus einzugreifen, ist von außen nicht erkennbar, dass Sie gerade an einer Ihrer Superkräfte arbeiten – Ihrer Achtsamkeit. Stehen Sie sehr stark unter Spannung, können Sie natürlich auch eine der beruhigenden Atemübungen integrieren. Keine Sorge! Sie müssen nicht gerade das laute Abschnauben als Übung auswählen. Die Box-Atmung beispielsweise ist ebenfalls eher unauffällig.

Störungen als Übungsimpuls

Ebenso können Sie übrigens auch mit ungewöhnlichen oder sogar störenden Geräuschen verfahren. Eine Autosirene heult in der Nähe, ein Baby weint oder ein Hund bellt aufgeregt? Diese Geräusche, die Sie sonst vielleicht eher als störend oder lästig empfunden haben, können Sie nun als Achtsamkeitssignal nutzen. Allein durch die Umbewertung der Situation – ein nerviges oder anstrengendes Geräusch wird zu einem wertvollen Impulsgeber – wird sich Ihr Stresslevel schon deutlich weniger heben, als wenn Sie bei einer negativen Betrachtungsweise bleiben. Zudem können Sie in dieser Situation wunderbar Ihre bisher erlernten Achtsamkeitsstrategien nutzen und abseits des geschützten Raums Ihres Meditationskissens anwenden.

Beobachten Sie, wie Sie auf das für Sie störende Signal reagieren, welche Gedanken auftauchen, wie Ihre Körperhaltung sich ändert, Ihre Stimmung, Ihr Umgang mit anderen und der Blick auf sich selbst? Versuchen Sie, hier in der beobachtenden Position zu bleiben und nicht zu werten. Erinnern Sie sich daran, dass es bei der Achtsamkeit allein darum geht, das anzunehmen, was passiert, während es passiert. Sie müssen jetzt im Moment weder etwas verändern noch besonders gut reagieren, sondern einfach nur wahrnehmen. Durch diese innere Erlaubnis kann gerade für Menschen, die einen hohen Anspruch an sich selbst haben, schon einiges an Anspannung abfallen. Der Druck, auf jeden Fall ruhig bleiben zu müssen, gerade weil man doch ein Achtsamkeitstraining praktiziert, ist nicht zu unterschätzen. Insbesondere mit uns selbst sind wir oft sehr harsch im Umgang und verzeihen uns kaum eine menschliche Reaktion. Reagieren wir also mit typischen Stresssignalen auf ein belastendes Geräusch und gehen dabei in die achtsame Beobachtung, können wir Gedanken- und Handlungsmuster erkennen, die uns zeigen, wie wir mit uns selbst in einer solchen Situation umgehen. Dadurch haben wir die Möglichkeit, diese Muster zu überdenken. Wir können alternative Handlungs- und Denkstrategien etablieren, die positiver für unser Wohlbefinden sind.

Zudem geben wir uns die Möglichkeit, unser Achtsamkeitstraining in einem überschaubaren „Ernstfall" anzuwenden. Die Geräusche mögen zwar störend sein, sind aber prinzipiell nicht bedrohlich. Gelingt es uns immer besser, in diesen Situationen achtsam zu bleiben und dadurch das Reiz-Reaktions-Schema zu unterbrechen und klug und besonnen mit der Herausforderung umzugehen, gewinnen wir an Selbstvertrauen. Wir wissen dann um unsere Selbstwirksamkeit und können auch gelassener in wirklichen Krisen bleiben. Wir wissen schließlich, dass die Vorteile unseres Achtsamkeitstrainings auch unter schwierigen Voraussetzungen erhalten bleiben. Ein weiteres Plus an dieser Form des Trainings bei alltäglichen Ereignissen ist der Umstand, dass unangenehme oder laute Geräusche unangekündigt stattfinden und wir dadurch die Möglichkeit haben, aus dem immer wieder auftretenden Autopilot-Modus auszusteigen.

Gewohnheiten bündeln

Wenn Sie gedanklich einmal Ihren Alltag durchleuchten, wird Ihnen auffallen, dass Sie schon zahlreiche Gewohnheiten erfolgreich etabliert haben. Suchen Sie sich ein oder zwei Gewohnheiten aus und verknüpfen Sie diese mit einer Achtsamkeitspraxis. Vielleicht lesen Sie jeden Morgen die Zeitung? Dann schieben Sie zunächst eine 5-minütige Mini-Meditation ein, bevor Sie sich der Lektüre widmen. Machen Sie jeden Abend einen langen Spaziergang mit Ihrem Hund? Dann hängen Sie noch einige Minuten achtsames Gehen ans Ende.

Durch die Verknüpfung mit bereits bestehenden Gewohnheiten kann es leichter gelingen, die Achtsamkeitspraxis zu einer täglichen Sache zu machen. Sie können übrigens auch die Achtsamkeit als Ersatz für eine bereits bestehende, aber nicht mehr dienliche Angewohnheit nutzen: Wollen Sie beispielsweise auf Ihrem Handy scrollen, widmen Sie sich stattdessen einer Atemübung.

Weitere Ressourcen und Inspiration: 4 Empfehlungen für Ihre Reise

Während vor wenigen Jahrzehnten die Ressourcen für Informationen bezüglich Achtsamkeit und der Achtsamkeitspraxis noch sehr übersichtlich waren, ist die Auswahl heutzutage schier unbegrenzt. Dies bietet Ihnen die Möglichkeit, genau die Dinge auszuwählen, die für Sie funktionieren und die Sie dabei unterstützen, Achtsamkeit zu einer dauerhaften Begleiterin in Ihrem Leben zu machen.

Überlegen Sie sich, welche Aspekte für Sie besonders wichtig sind, um neue Gewohnheiten in Ihr Leben zu integrieren:

1. Achtsamkeitsgruppe:

Sind Sie sehr sozial orientiert, können Sie zum Beispiel darüber nachdenken, einer Achtsamkeitsgruppe beizutreten. Wie bereits erwähnt, können diese säkular oder religiös organisiert sein, sodass Sie nach Ihren persönlichen Vorlieben eine Auswahl treffen können. Je nach Größe und Organisationsstruktur der Gruppe bieten

Ihnen diese die Möglichkeit, sich mit anderen zum gemeinsamen Meditieren zu treffen, Vorträge zum Thema Achtsamkeit zu hören oder auch neue wissenschaftliche Erkenntnisse rund um Achtsamkeit und deren Auswirkungen zu erfahren.

Der Fokus dieser Gruppen liegt meist auf der gemeinsamen Praxis, die durch die Termine mit anderen eine gewisse Verbindlichkeit bekommt und somit für viele Menschen leichter einzuhalten ist.

Sollten Sie keine Gruppe vor Ort finden, gibt es im Internet viele Angebote von Achtsamkeitsgruppen, die sich online organisieren und teilweise unregelmäßig, teilweise täglich zu festen Uhrzeiten treffen.

2.   Achtsamkeitskurse:

Kurse sind ebenfalls eine gute Wahl, wenn Sie Ihre Achtsamkeitspraxis festigen und vorantreiben möchten. Sie können Ihr Wissen vertiefen und sich je nach Interesse und Kurs deutlich tiefgehender mit der Materie auseinandersetzen. Auch unter den Kursen finden Sie sowohl säkulare als auch auf Religionen basierende Angebote. Meist sind letztere in verschiedenen buddhistischen Traditionen verwurzelt. Je nach Ausrichtung dieser Kurse unterscheiden sich die Lehrinhalte – allen gemein ist allerdings auch hier eine angeleitete Praxis.

Bei den Kursen wird in der Regel zunächst in die Achtsamkeit als Konzept eingeführt, um anschließend verschiedene Achtsamkeitstechniken vorzustellen und einzuüben. Ebenfalls üblich ist der direkte Austausch zwischen Anleitenden und Teilnehmenden im Anschluss an die gemeinsame Praxis. So können etwaige Fragen geklärt und Ihre Erlebnisse während der Achtsamkeitspraxis reflektiert und gemeinschaftlich besprochen werden. Auf diese Weise können Sie noch tiefer in die Achtsamkeitspraxis einsteigen, mögliche Stolpersteine aus dem Weg räumen sowie Missverständnisse klären. Ferner erhalten Sie wertvolle Anregungen durch die geteilten Erfahrungen der anderen Teilnehmenden. Es finden sich sowohl Angebote für Personen, die gerade erst in das Thema einsteigen, als auch Kurse für Personen, die bereits fortgeschritten sind und einiges an

Meditationserfahrung mitbringen. Zudem gibt es Kurse für spezielle Themen, die für Sie interessant sein können, wenn Sie sich bestimmten Aspekten des Achtsamkeitstrainings widmen möchten: Besonders häufig vertreten sind etwa die Themengebiete achtsames Essen, achtsame Bewegung, Achtsamkeit in der Kindererziehung und Achtsamkeit im Berufsleben. Entsprechende Angebote finden Sie bei religiösen Gruppen wie etwa buddhistischen Vereinigungen, bei Zusammenschlüssen von Achtsamkeit-Praktizierenden, bei Volkshochschulen oder Yoga-Schulen oder bei anderen Anbietern beruflicher oder privater Weiterbildung. Zudem bieten einige Betriebe und Unternehmen entsprechende Kurse für ihre Mitarbeiter an, insbesondere im Bereich Achtsamkeit und Burnout-Prävention oder Achtsamkeit und Work-Life-Balance. So lohnt sich je nach Berufssparte auch ein Blick in das Angebot der betrieblichen Weiter- und Fortbildung. Weitere Angebote finden sich bei diversen Bildungsträgern oder Sportvereinen.

3. Achtsamkeitsapps:

Haben Sie im Moment keine finanziellen, zeitlichen oder anderweitigen Kapazitäten für die Teilnahme an einem Kurs oder einer Gruppe, kann eine Achtsamkeitsapp eine spannende Alternative sein. Auf dem Markt finden sich sowohl kostenfreie als auch kostenpflichtige Angebote. Diese bieten beispielsweise angeleitete Meditationen, Informationen zum Thema Achtsamkeit und Mitgefühl und teilweise Austauschmöglichkeiten oder weitere Übungen. Viele der Apps sind mit einer Erinnerungsfunktion versehen, sodass Sie sich täglich an Ihre Praxis erinnern lassen können. So wird das regelmäßige Üben zu einem festen Bestandteil Ihres Alltags. Einige Angebote arbeiten mit Gamification-Aspekten, sodass die regelmäßige Ausführung von Übungen zusätzlich belohnt wird.

Auch ein Achtsamkeitssignal, etwa ein Gong oder die Klänge eines Windspiels, sind meist Bestandteil dieser Apps. Mittels dieses akustischen Signals können Sie sich im Alltag immer wieder daran erinnern lassen, aus dem Autopilot-Modus auszusteigen und einen Moment in Achtsamkeit zu verbringen.

Eine solche App kann eine praktische Ergänzung Ihrer Achtsamkeitspraxis sein, weil sie zur kontinuierlichen Praxis anregt. Darüber hinaus erlaubt sie Ihnen ein orts- und zeitunabhängiges Üben und hält die nötigen Informationen und Inhalte immer griffbereit. Allerdings sollten Sie sich überlegen, ob eine App die richtige Wahl für Sie ist, wenn Sie ohnehin schon viel Zeit am Bildschirm verbringen. Wenn Sie sehr überreizt sind oder sich schnell in der Welt des Internets verlieren, ist eine weitere App zum jetzigen Zeitpunkt möglicherweise weniger empfehlenswert.

Hält Sie allerdings das weitverbreitete Vorurteil, dass diese Form der Informationsbereitstellung für eine solche Praxis nicht adäquat sei, von der Nutzung ab, dürfen Sie sich davon gerne frei machen. Wichtig ist, dass Sie regelmäßig und in einem Umfang üben, der zu Ihnen und Ihrem Leben passt und Ihnen guttut. Wenn dies für Sie am leichtesten mit einer App zu realisieren ist, weil Sie dadurch die Möglichkeit haben, jederzeit und von überall auf die Inhalte zuzugreifen, und dies im Moment am besten zu Ihrem Tagesablauf passt, dann nutzen Sie diese. Beachten Sie allerdings, dass die Qualität der Angebote stark variiert. Nutzen Sie am besten Apps von etablierten Achtsamkeitsverbänden oder -organisationen. Einige Gruppen oder Verbände bieten neben ihren digitalen Angeboten zusätzlich Praxismöglichkeiten vor Ort an, sodass Sie verschiedene Möglichkeiten miteinander kombinieren können. Falls Sie die Zeit für ein persönliches Treffen haben, ist diese Option besonders empfehlenswert, da Sie wertvolle Anregungen von außen und Kontrolle und Hilfestellung durch erfahrene Mentoren erhalten können. Falls Sie keine Zeit haben, können Sie Ihre Praxis trotzdem weiter verfolgen.

4. Reflektieren Sie Ihre Praxis schriftlich:

Führen Sie ein Achtsamkeitstagebuch und reflektieren Sie darin Ihre Praxis. Wenn wir Dinge aufschreiben, setzen wir uns tiefer mit ihnen auseinander. Laut einer kalifornischen Studie kann allein das schriftliche Formulieren Ihrer Ziele dazu führen, dass Sie diese eher realisieren. Wenn Sie Ihre Erfahrungen und Fortschritte während des Prozesses schriftlich festhalten, erhöhen Sie zusätzlich die Wahrscheinlichkeit, Ihre Ziele erfolgreich zu erreichen. Die Erfolgschance liegt bei einer

schriftlichen Auseinandersetzung immerhin bei über 70 Prozent! Notieren Sie sich daher zu festen Terminen Ihre Achtsamkeitsziele für
einen bestimmten Zeitraum.

Bleiben Sie bei der Zielsetzung realistisch und überfordern Sie sich
nicht. Denken Sie auch hier wieder daran, dass zu einer Achtsamkeitspraxis nicht nur die gelenkte Aufmerksamkeit gehört, sondern auch
das Selbstmitgefühl. Seien Sie daher liebevoll mit sich selbst und formulieren Sie nur Ziele, die für Sie erreichbar sind. Behalten Sie sich zudem vor, bei Bedarf von Ihren Plänen abzuweichen, und erinnern Sie
sich dann an den Anfängergeist und die Neugierde. Wichtig ist, dass
Ihre Pläne dazu führen, dass Sie eine regelmäßige und positiv besetzte
Praxis aufbauen.

Eine schriftliche Auseinandersetzung mit dem Thema kann Ihre Aufmerksamkeit zusätzlich verstärken und Ihnen dabei helfen, im Alltag
ein stärkeres Augenmerk auf das bewusste Erleben im Hier und Jetzt
zu lenken. Zudem können Sie Ihren Fortschritt durch das schriftliche
Festhalten besser beobachten und sich möglicherweise auch leichter
motivieren. Wenn Sie an einem Punkt angekommen sind, an dem Sie
das Gefühl haben, dass sich nichts tut, dann kann ein Rückblick auf
frühere Notizen daran erinnern, welchen Weg Sie schon geschafft haben. Darüber hinaus bietet Ihnen die schriftliche Auseinandersetzung
auch die Möglichkeit herauszufinden, welche Übungen Ihnen besonders guttun, in welcher Verfassung Sie zu dem Zeitpunkt waren und
welche Denk- und Verhaltensmuster zu welchen Ergebnissen führen.

Wenn Sie die Achtsamkeit langfristig in Ihr Leben integrieren wollen,
entscheiden Sie sich immer wieder neu und bewusst dafür, wie Sie ihr
Raum geben können. Je besser Sie Ihre Praxis auf Ihre individuellen Bedürfnisse abstimmen, umso leichter wird es Ihnen gelingen, diese langfristig durchzuführen.

Abschluss

Achtsamkeit ist ein wunderbarer Schlüssel zu einem bunten, erfüllten und wachen Leben – fernab von jeder Religion oder philosophischen Konzepten ist sie etwas, das allen Menschen zugänglich ist.

In diesem Buch wurde Ihnen nicht nur ein kleiner Einblick in das Konzept und die damit verbundenen körperlichen und mentalen Auswirkungen gegeben, sondern Sie haben auch viele praktische Übungen an die Hand bekommen.

Fühlen Sie sich dazu eingeladen, diese auszuprobieren und nicht nur zu lesen. Achtsamkeit ist etwas, das sich zwar beschreiben, aber noch viel besser am eigenen Leib erfahren lässt. Sind Sie in den Genuss gekommen, einfach zu sein, statt zu tun, ist dies viel eindrücklicher als jede Beschreibung.

Selbstverständlich hat ein achtsamer Lebensstil zahlreiche messbare Vorteile: Sie können damit sowohl Ihre Schlafqualität verbessern als auch Ihr Nervensystem beruhigen und Ihre Resilienz stärken. Die Emotionsregulation kann durch Achtsamkeit ebenso verbessert werden wie die Körperwahrnehmung und das Bewusstsein für die eigenen Stärken und Grenzen. Auch die Emotionale Intelligenz setzt ein gewisses Maß an Achtsamkeit voraus. Nur wenn Sie wissen, was passiert, während es passiert, können Sie darauf reagieren. Daran als Bedingung geknüpft ist natürlich auch, dass Sie in der Lage sind, zu agieren, statt einfach nur durch Affekte und Stimmungen gelenkt zu werden.

Achtsamkeit zeigt sich auch dienlich in zwischenmenschlichen Kontakten. Die Kommunikation verbessert sich durch achtsames Hören und Sprechen ebenso wie durch den zweiten Pfeiler der Achtsamkeitspraxis: das (Selbst-)Mitgefühl. Dieses ist, ebenso wie die wache Präsenz und die wertungsfreie Annahme von dem, was ist, ein starker Verbündeter, wenn es darum geht, selbstwirksam und handlungsfähig zu sein – und zwar auf wertschätzende und liebevolle Weise.

Fühlen Sie sich dazu eingeladen, zwar dieses Buch, aber nicht Ihre Reise zu mehr Achtsamkeit zu beenden. Sie können bei Bedarf jederzeit zu den für Sie relevanten Kapiteln zurückkehren. Die vorgestellten Übungen dienen als Anregung. Sie können für Ihre persönliche Praxis ganz nach Ihren Bedürfnissen weiterentwickelt werden. Vielleicht möchten Sie sich momentan auch nur auf einen bestimmten Teilbereich der Achtsamkeitspraxis konzentrieren. Das ist vollkommen in Ordnung!

Nutzen Sie die Impulse für das, was für Sie gerade wichtig ist. Bedenken Sie dabei aber bitte stets, dass Achtsamkeit nicht dafür gedacht ist, Sie noch leistungsfähiger und stärker zu machen – auch wenn dies willkommene Nebeneffekte sein können. Es geht darum, das Leben in all seinen Facetten zu spüren und annehmen zu können. Gleichmut, Gelassenheit und Selbstfürsorge sind hier ebenso von Belang wie Präsenz, Aufmerksamkeit und der neugierige Anfängergeist.

Achtsamkeit ist weit mehr als eine Anzahl von Entspannungs- und Konzentrationstechniken. Sie ist ein völlig neuer Blick auf das Leben, der es uns erlaubt, dieses in all seiner Pracht wahrzunehmen – abseits von Träumen, Ängsten, Vorurteilen und Altlasten. Freuen Sie sich auf dieses neue Kapitel in Ihrem Leben.

Vergessen Sie dabei auch nicht, sich Zeit zu geben. Eine Achtsamkeitspraxis darf und wird sich entwickeln – auch gegen Widerstände wie den inneren Schweinehund oder solche von außen. Dabei kann es durchaus vorkommen, dass der Weg nicht immer gerade verlaufen wird. Kein Problem: Umwege erhöhen die Ortskenntnisse. Seien Sie offen und präsent und erlauben Sie sich das Sein im Hier und Jetzt!

Quellen und weiterführende Literatur

Choden, & Gilbert, P. (2020). *Achtsames Mitgefühl – Ein kraftvoller Weg, das Leben zu verwandeln.* Arbor.

Choden, & Regan-Addis, H. (2017). *Mindfulness Based Living Course – A Self-help Version of the Popular Mindfulness Eight-week Course, Emphasising Kindness and Self-compassion, Including Guided Meditations.* John Hunt Publishing Ltd.

Germer, C. K., Siegel, R. D., & Fulton, P. R. (Eds.). (2013). *Mindfulness and psychotherapy (2nd ed.).* The Guilford Press.

Grasberger, D., & Schweppe, R. (2010). *Richtig atmen: Spannungen lösen – Energie tanken.* BLV Buchverlag.

Hainbuch, F. (n.d.). *Progressive Muskelentspannung.*

Hanh, T. N. (1975). *The miracle of mindfulness.* Beacon Press.

Höfler, H. (2023). *Feldenkrais: Die besten Übungen für Ihren Alltag.* Trias.

Institut für Achtsamkeit. (n.d.). *[Homepage].* https://www.institut-fuer-achtsamkeit.de/

Kabat-Zinn, J. (2013). *Full catastrophe living (Revised ed.): How to cope with stress, pain and illness using mindfulness meditation.* Piatkus.

Kabat-Zinn, J. (2024). *Im Alltag Ruhe finden: Meditationen für ein gelassenes Leben.* O.W. Barth.

Mindfulness Association. (n.d.). *[Homepage].* https://www.mindfulnessassociation.net/

Nairn, R. (1997). *Mit dem Drachen fliegen: Ruhe und Klarheit durch Buddhismus und Meditation.* dtv Verlagsgesellschaft mbH & Co. KG.

Nairn, R. (2000). *Auf den Spuren des erleuchteten Drachen: Buddhistische Meditation.* dtv Verlagsgesellschaft mbH & Co. KG.

Nhat Hanh, T. (1999). *The miracle of mindfulness: An introduction to the practice of meditation.* Beacon Press.

Neff, K. (2012). *Selbstmitgefühl – Wie wir uns mit unseren Schwächen versöhnen und uns selbst der beste Freund werden.* Kaylash.

Santorelli, S. (2009). *Zerbrochen und doch ganz – Die heilende Kraft der Achtsamkeit.* Arbor Verlag.

Segal, Z. V., Williams, J. M. G., & Teasdale, J. D. (2002). *Mindfulness-based cognitive therapy for depression: A new approach to preventing relapse.* The Guilford Press.

University of Oxford. (n.d.). *Mindfulness research.* https://www.psych.ox.ac.uk/research/mindfulness

Williams, M., & Penman, D. (2011). *Mindfulness: A practical guide to finding peace in a frantic world.* Piatkus.